DER MENSCH – DER EGOIST

DER MENSCH – DER EGOIST

Ralph Schaper

Herstellung und Verlag:

BoD – Books on Demand, Norderstedt

ISBN 978-3-7392-4535-5

VORWORT

Es freut mich sehr, dass Sie sich für dieses Buch entschieden haben.

Es ist ein Zeichen dafür, dass Sie sich für das Verhalten von Menschen interessieren. Vielleicht für das Verhalten der anderen, aber auch für das eigene Verhalten.

Ist es das wert, sich mit dem Verhalten von Menschen zu beschäftigen? Immer. Auch wenn unsere Welt immer mehr digitalisiert wird, auch wenn immer mehr Maschinen unsere Arbeit erledigen, eines bleibt immer – der Mensch!

Also ist es auf jeden Fall wert, über dieses wichtige Thema ein paar Zeilen zu verlieren. Dann stellt sich natürlich die Frage:

Wer gibt mir das Recht, ein Buch über das egoistische Verhalten von uns Menschen zu schreiben?

Warum sollten Sie gerade mir Ihr Vertrauen schenken?

Welchen wertvollen Nutzen erhalten Sie aus diesem Buch?

Kommen wir zur ersten Frage:

Jeder kann ja über ein beliebiges Thema ein Buch schreiben. Wobei in diesem Satz schon ein ganz wichtiges Wort steckt. KANN. Kann kommt von KÖNNEN. Und Können kommt von – ja woher denn eigentlich? Von dem Erlernten? Von Talent? Von dem festen Willen? Von dem Einsatz den wir zeigen?

Ist es egoistisch zu sagen, ich kann über dieses Thema ein Buch schreiben? Mag sein. Ich kann es auf jeden Fall. Ob es Ihnen auch gefällt und Sie daraus einen persönlichen Nutzen ziehen, das müssen Sie selbst entscheiden.

Aber wenn das der Fall wäre, würden Sie dieses Buch dann auch gern weiterempfehlen?

Wobei, wenn man sich den Titel dieses Buches noch einmal vor Augen führt – wem will man dieses Buch dann weiterempfehlen? Demjenigen, bei dem man der Ansicht ist, er könnte da mal einen Anstoß gebrauchen? Jemand, der nur an sich denkt und auch nur von sich redet? Wie wird diese Person diese Empfehlung dann aufnehmen?

Mit großer Wahrscheinlichkeit nicht mit offenen Armen. Denn was soll der vermeintliche Egoist mit solch einem Buch anfangen?

Der wird sich doch wahrscheinlich sagen: Was soll ICH damit? ICH bin doch kein Egoist!

ICH habe doch immer ein offenes Ohr für meine Mitmenschen.

ICH höre ihnen zu, stelle viele Fragen und interessiere mich ehrlich und aufrichtig für die anderen.

Das meint aber auch nur er. Sie sehen das vielleicht ganz anders.

Oder wollen Sie das Buch jemandem empfehlen, von dem Sie der Meinung sind, es wäre für ihn einfach eine sehr interessante Lektüre, die es wert ist gelesen zu werden?

Sie werden anhand der vielen Beispiele im weiteren Verlauf schnell erkennen, für wen das Buch interessant sein könnte. Dann können Sie immer noch entscheiden, wem Sie es ans Herz legen wollen. Aber jetzt geht es ja erst mal um Sie und um uns.

Die zweite Frage war: <u>Warum sollten Sie gerade mir Ihr Vertrauen schenken?</u>

Das ist eine berechtigte Frage. Ich beantworte sie Ihnen gern.

Weil es die beste Entscheidung ist, die Sie heute getroffen haben. Warum? Zu vermessen? Nein, nur selbstbewusst. Und vielleicht auch ein bisschen egoistisch, das mag sein.

Aber nun mal zu den Fakten. Die Erkenntnisse dieses Buches resultieren aus folgenden Aspekten:

Zum einen habe ich mittlerweile ein Alter erreicht, in dem man schon von einer gewissen Lebenserfahrung sprechen kann.

Zum anderen ist es mir aus beruflicher und privater Sicht möglich, den Blick auf die Menschen aus einer anderen Perspektive zu richten.

Aufgrund meiner über 18 jährigen Trainertätigkeit im Verhaltenstraining sieht und beobachtet man Menschen ganz anders. Man achtet auf das, was sie sagen, wie sie es sagen, warum sie es sagen oder nicht sagen. Man analysiert deren Gestik und Mimik. Man fragt sich, warum sagt er das oder was will er wirklich?

Und auch hier komme ich wieder auf das eben schon angedeutete zurück. Sie werden im Laufe des Buches ein klares Bild darüber bekommen, was ich meine. Verlassen Sie sich darauf.

Die dritte Frage nach <u>dem persönlichen Nutzen</u> ist natürlich eine sehr entscheidende Frage. Denn hier müssen Sie ganz allein überlegen, welchen Nutzen Sie aus diesem Buch herausziehen wollen?

Wollen Sie „nur" unterhalten werden?

Wollen Sie sich selbst hinterfragen?

Wollen Sie sich im positiven Sinne verändern?

Oder wollen Sie andere Menschen dazu bewegen, mehr auf ihre Mitmenschen einzugehen, anstatt immer nur von sich selbst zu reden oder an sich selbst zu denken?

Aber auch hier stellt sich schnell wieder die nächste Frage: Wo sollen wir beginnen?

Können wir einfach ein Buch lesen, die Inhalte daraus auf andere Menschen übertragen und sagen, so meine Arbeit ist getan!?

Nein, das wird niemals funktionieren. Stellen wir uns doch mal einen Egoisten in unserem näheren Umfeld vor. Wir alle kennen solche Menschen.

Wie würde der reagieren, wenn wir jetzt auf ihn zugehen und sagen: *„Mensch, hör' doch mal den anderen besser zu - oder - rede doch nicht immer nur von Dir selbst"*.

Wir können uns die Antwort darauf selber geben.

Das heißt für uns doch, wo ist unsere einzige Chance zu beginnen? Richtig, bei uns. Bei uns anzufangen, bestimmte Dinge anders zu sehen, sie auch einzusehen und zeitgleich auch in die Tat umzusetzen.

Nur dann, wenn wir das machen, dann kann es uns gelingen, zum einen als Vorbild voranzugehen und zu hoffen, dass andere Menschen das registrieren und nachahmen oder dass wir durch unsere eigene Verhaltensweise und die daraus resultierenden Erfahrungen ganz anders auf unsere Mitmenschen zugehen können und ihnen helfen können, sich von der gewinnbringenden Art und Weise des Verhaltens anderen gegenüber zu überzeugen.

Das war jetzt aber ein langer Satz. Ein langer Satz, im dem wieder ganz viele wichtige Dinge enthalten sind.

Natürlich der erste und entscheidende Faktor, bei sich selbst zu beginnen. Was wir nicht für uns selbst ausprobiert und erkannt haben, können wir niemals anderen Menschen optimal an die Hand geben.

Der zweite Punkt: Versuchen Sie bitte niemals andere Menschen von etwas zu überzeugen. Das wird im seltensten Falle gelingen.

Denn wenn ich Sie liebe Leser von etwas überzeugen wollen würde, wären Sie dann aufgeschlossen oder eher verschlossen?

Natürlich eher verschlossen. Weil Sie ja der Meinung sind, dass alles gut ist wie es ist.

Es sei denn, Sie sind ein so aufgeschlossener Mensch, der gern auch andere Ansichten oder Vorgehensweisen sofort und unbewertet aufnimmt. Das wäre allerdings sehr selten. Aber vielleicht sind Sie ja so jemand.

Apropos. Wenn Sie ein Mensch sind, der alles besser weiß, der der Meinung ist, er hat die Weisheit mit Löffeln gegessen, dann sollten Sie an dieser Stelle lieber nicht weiterlesen.

Denn das, was Sie gleich lesen werden, erfordert von Ihnen Interesse, Offenheit, Vorstellungsvermögen und Ehrlichkeit zu sich selbst.

Wenn Sie das alles haben, prima. Dann herzlichen Glückwunsch. Wenn nicht, dann lesen Sie bitte nicht weiter. Sie werden sich nur ärgern, wenn Sie das tun.

Sind Sie noch dabei?

Wollen wir anfangen?

Sind Sie sicher?

Dann wünsche ich Ihnen viel Freude mit den nächsten Seiten und viel Erfolg bei der Umsetzung der Werkzeuge.

DER EGOIST

Woher kommt dieser Begriff EGOISMUS eigentlich? Er kommt aus dem lateinischen Begriff EGO, welches für ICH steht.

Wie können wir diesen Begriff Egoismus konkret erklären?

Egoismus steht für: <u>Eigeninteresse</u> / <u>Ich-Bezogenheit</u> / <u>Selbstsucht</u> / <u>Eigenliebe</u> / <u>Raffgier</u> / <u>Seinen eigenen Vorteil</u> und für vieles mehr.

Und wenn wir uns diese Begriffe einmal anschauen, sind das alles abwertende Ausdrücke für das Wort Egoismus, bzw. für das, was sich dahinter verbirgt.

Aber ist es denn immer negativ, ein Egoist zu sein? Gibt es nicht für uns alle Situationen, in denen wir auch schon mal egoistisch waren? Und es hat keinem geschadet!

Woran denken Sie gerade dabei?

Sind wir nicht alle schon mal im Supermarkt einen Schritt schneller Richtung Kasse gegangen, damit die Person, mit dem vollgepackten Einkaufswagen nicht noch vor uns landet?

Haben wir nicht alle schon mal die Fußgängerampel bei Dunkelgrün oder sagen wir es ehrlich, bei Rot überquert, weil wir keine Lust hatten, zu warten?

Sind wir nicht alle schon mal im Bus oder der Bahn sitzengeblieben, obwohl wir eigentlich auch hätten aufstehen können, um einer älteren Person den Platz anzubieten, bevor es ein anderer macht?

Hat nicht jeder von uns schon mal mit dem Auto in zweiter Reihe gehalten, um nur kurz etwas zu erledigen?

Haben wir damit irgendwelchen Menschen geschadet? Nein. Wir waren in dem Moment egoistisch.

Es gibt ja sogar bestimmte Situationen, in denen man uns dazu auffordert, zuerst an uns selbst zu denken, bevor wir an andere denken.

Im Flugzeug zum Beispiel. Hören wir, auf der Urlaubs- oder Geschäftsreise, dem Personal eigentlich genau zu? Also, wenn die ihre Durchsage bezüglich Notausgängen und Schwimmwesten machen? Oder sind wir dann schon wieder so vertieft in unsere Zeitung, dass wir gar nicht mitbekommen, was da vorn erzählt wird? Oder haben wir es schon so oft gehört, dass wir es schon auswendig können?

Was sagen die in dem Moment immer?

„Setzen Sie sich selbst zuerst die Sauerstoffmaske auf, bevor Sie jemand anderem helfen."

Klingt ja logisch. Nur dann kann ich weiteratmen und bin in der Lage anderen zu helfen.

Wenn ich an Flugzeuge und deren Passagiere denke, kommen mir sofort einige prägnante Beispiele von typischem Egoismus in den Kopf.

Denken Sie auch gerade an die Rückenlehnen im Flieger. Kaum sitzt der Mensch vor uns, schon wird sofort die Lehne bis zum Anschlag nach hinten gestellt. Ob hinter der Person ein Mensch sitzt, der zum Beispiel fast zwei Meter groß ist und Schwierigkeiten hat, seine langen Beine unterzukriegen, das interessiert da vorn keinen.

Und wenn die Stewardess auffordert bei Start und Landung die Rückenlehnen wieder senkrecht zu stellen, dann wird das eben einfach überhört.

Oder sind Sie auch einer dieser „Rückenlehnenversteller"? Sind Sie so ein Egoist?

Nein, oder? Sie denken doch an Ihre Mitmenschen! Sie wissen selbst, wie unangenehm das ist, wenn vor Ihnen einer sitzt und Sie keinen Platz mehr haben!

Sie dachten eher an etwas anderes, als ich von Flugzeugen sprach?

An die Menschen mit ihrem viel zu kleinen und geringen Handgepäck? Ach ja, die soll es ja auch geben. Diejenigen, deren Handgepäck die vorgeschrieben Größe und das erlaubte Gewicht, um ein ganz klein wenig überschreiten.

Die Menschen, die wie wild versuchen, diesen etwas zu groß geratenen Koffer in das viel zu kleine Handgepäckfach zu quetschen. Warum machen die blöden Fluggesellschaften auch diese Fächer so klein? Da passt aber auch gar nichts rein.

Dass die Fluggäste selber schuld sind, darauf kommt so schnell keiner. Da wird lieber die arme Stewardess beauftragt, dieses Gepäckstück irgendwo noch unterzubringen.

Aber hey, kein Problem. Seien Sie ruhig egoistisch. Wir warten solange hinter Ihnen im Gang, bis Sie das endlich auf die Reihe bekommen haben. Kein Problem!

Wir haben Zeit. Wir sind nicht so wie Sie. Oder doch? Fühlten Sie sich gerade angesprochen?

Ist nicht schlimm. Daraus lernen wir doch.

Aber wenn es ganz schlimm läuft, dann lässt der nächste Egoist nicht lange auf sich warten.

Als wir dann endlich auf unserem Sitz Platz nehmen wollen, sehen wir neben uns eine Person sitzen, die es sich schon so richtig gemütlich gemacht hat. Beide Armelehnen wurden direkt in Beschlag genommen und die Beine dieses Nachbarn brauchen auch noch einen Teil unseres Platzes. Na wunderbar.

Und wenn es dann ganz dicke kommt, dann treffen wir diese Egoisten alle am Gepäckband wieder. Kennen Sie die Situationen? Die erste Reihe ist die einzige, die zählt. Nur da kann man seinen Koffer sehen und vom Band nehmen. Versuchen Sie jetzt bitte ja nicht, sich auch nur ansatzweise dazwischen zu drängeln, um auch mal kurz einen Blick auf das Gepäckband zu werfen. Da wird mit harten Bandagen gekämpft. Da kriegen Sie schon mal einen Ellenbogen ab oder es wird Ihnen rein zufällig auf den Fuß getreten.

Passend zu den ganzen Situationen fällt mir gerade eine Frage aus dem Verhaltenstraining ein:

Für wen interessiert sich der Mensch in 1. Linie?

Was würden Sie sagen? ... Für sich selbst!

Für wen interessiert sich der Mensch in 2. Linie?

Wie ist Ihre Antwort? ... Für sich selbst!

Und für wen interessiert sich der Mensch in 3. Linie?

Was meinen Sie? ... Ebenfalls für sich selbst!

Und in 25., 36. und 47. Linie?

Immer noch für sich selbst!

Irgendwann kommt dann vielleicht mal der andere.

Okay, wir müssen hier natürlich unterscheiden, wo wir uns gerade befinden? Sind wir irgendwo im Flieger, im Geschäft, im Supermarkt? Oder befinden wir uns zuhause bei unserer Familie oder sind wir unterwegs bei Freunden?

In letzteren Situationen wird sich der eine oder andere hoffentlich schon für seine Gegenüber interessieren. Wäre ja auch traurig, wenn der Vater kein Interesse an seinen Kindern oder an seiner Ehefrau zeigt, um nur mal ein Beispiel zu nennen.

Aber bei dem Umgang mit Freunden verändern sich bei manchen die Denkweise und auch die Handlungsweise schon wieder sehr schnell. Da ist der neue Freund von der guten Freundin. Der wird dann schnell informiert, mit wem er es hier zu tun hat. Interesse an seiner Person, das muss warten.

Ganz nach dem Motto: Mein Auto, mein Haus, mein Boot!!! Und was hast Du so zu bieten?

Wie bitte? Sie sagen, das gibt es zuhause auch? Da wird Interesse oftmals auch nur vorgegaukelt? Aber eigentlich interessiert sich jeder nur für sich?

Der Mann für seine Arbeit, sein Auto und sein Hobby. Die Frau für die Einrichtung des Hauses, für ihren Yoga-Kurs und für Klamotten. Die Kinder für die neuesten Handys und Computerspiele.

Klingt sehr nach Klischee oder?

Aber oftmals ist das so? Mag sein. Die Frage ist nur:

Warum ist das so? Warum ticken wir Menschen so?

Ist das der Grund, warum so viele Beziehungen scheitern? Oder warum man eigentlich nur noch „nebeneinander" lebt und wohnt, anstatt „miteinander"?

Wenn es so ist und wenn das einer der Gründe ist, müssten wir uns doch die Frage stellen:

Wie können wir das verhindern? Wie können wir daran arbeiten, dass es anders wird?

Da gehört allerdings etwas ganz wichtiges zu. Nämlich, dass wir das auch wollen.

Kann es sein, dass viele Menschen sich einfach mit dem zufrieden geben, so wie es gerade ist?

Wie es in dem Satz schon drin steht – einfach -. Es ist der einfachste Weg. Der Weg des geringsten Widerstandes. Aber ist das auch der beste Weg?

Klar kostet der andere Weg Kraft und Energie. Von nichts kommt nichts, sagt man so schön. Und das ist doch auch wahr. Wenn wir darauf warten, dass sich jemand für uns interessiert, dann können wir wahrscheinlich warten, bis wir schwarz werden.

Wenn wir etwas verändern wollen, dann müssen wir als erstes bei uns anfangen. Das ist es wieder. Als erstes bei uns anfangen. Das klingt doch gut und einfach. Aber genau da ist das Problem. Oder sagen wir besser, die Herausforderung.

So egoistisch wir Menschen in vielen Situationen auch sind, so schwer tun wir uns auf der anderen Seite damit, bei uns selbst anzufangen, und uns zu verändern. Es ist doch leichter, den Kindern zu sagen, was sie anders machen sollen. Aber dass die Kinder ein Vorbild brauchen, jemanden, der ihnen etwas vorlebt, da denken viele nicht dran.

Jetzt hört sich das schon fast nach einem Beziehungsratgeber an, aber das soll es gar nicht sein. Es ist nur ein Beispiel für viele andere Situationen des täglichen Lebens.

Das kann man genauso auf den Umgang mit Kollegen, Kunden und Vorgesetzten ummünzen.

Worauf wollte ich eigentlich hinaus?

„Interessiere Dich ehrlich und aufrichtig für den anderen und Du wirst ein Lächeln erhalten. Ein Lächeln, das aus dem tiefsten Herzen kommt. Ein Lächeln, welches auch in Dir ein Lächeln hervorruft und somit ein Wechselspiel der Sympathie stattfinden lässt."

Also lassen Sie uns zwei ganz wichtige Erkenntnisse daraus festhalten:

AUF DIE RICHTIGE INNERE EINSTELLUNG KOMMT ES AN!

INTERESSIERE DICH EHRLICH UND AUFRICHTIG FÜR DEINEN GEGENÜBER!

Hört sich das nicht prima an?

So viel zur Theorie.

Wenn man eine Umfrage machen würde, mit der Frage: *„In welchem Bereich findet man die meisten Egoisten?"*

Was glauben Sie, was dann am häufigsten geantwortet werden würde?

Im Straßenverkehr! Richtig.

Da sieht man sie jeden Tag, an jeder Ecke, in jeder Situation und in jedem Fahrzeug. Die gibt es in jung und in alt. Als Mann und als Frau. Es gibt sie in allen nur möglichen Varianten.

Sind Sie ein Egoist im Straßenverkehr?

Nein, Sie doch nicht. Sie lassen andere einscheren. Sie parken so, dass immer noch ein zweiter neben oder hinter Ihnen Platz hat. Es würde Ihnen nicht im Traum einfallen, extra noch mal Gas zu geben, damit der andere sich nicht vor Sie setzen kann. Nein, um Gottes Willen, das machen Sie nicht. Die anderen ja, die machen das. Diese Egoisten!

Haben Sie übrigens zufällig mein Buch zum Thema Straßenverkehr gelesen?

Haben Sie? Dann wissen Sie, was ich meine.

Haben Sie nicht? Schämen Sie sich. Dann wird es aber höchste Zeit. Das Buch trägt den Titel:

Der Autofahrer! Verhaltenstraining am lebenden Objekt!

Für die wenigen unter Ihnen, die es noch nicht gelesen haben – in dem Buch wird sehr bildhaft und eindrucksvoll beschrieben, wie wir Menschen uns im Straßenverkehr verhalten, warum wir uns so verhalten und wie wir wieder entspannter Autofahren können. Ein MUSS für alle, die sich im Straßenverkehr aufhalten.

Na gut, dann mal Schluss mit der Eigenwerbung. Da kommt auch in mir wieder der Egoist durch.

Zurück zu unserem Thema.

Was hatten wir gesagt? Ach ja, Sie sind ja nicht dieser Egoist vor mir, der gerade seinen Wagen so parkt, das kein anderer mehr dort parken kann. Obwohl ohne Probleme dort auch zwei Autos Platz finden würden. Sie sind auch nicht der andere Egoist, der mal eben schnell in zweiter Reihe auf den Straßenbahnschienen hält, um kurz zur Bank, zum Bäcker oder zur Apotheke reinzuspringen.

Genau das habe ich vor kurzem live erlebt. Ein Auto hält in zweiter Reihe. Von hinten kommt die Straßenbahn mit lautem Gebimmel angerauscht. Das Gebimmel bringt nur nichts, denn es sitzt ja niemand im Auto. Die Passanten schütteln nur mit dem Kopf und denken sich ihren Teil. Der Straßenbahnfahrer gibt mit seiner Hupe alles – und auf einmal kommt ein älterer Mann aus der Bäckerei, schnauzt noch während des Einsteigens den Bahnfahrer an, um dann unter Applaus der Passanten die Straße freizumachen.

Nein, der sind Sie Gott sei Dank nicht. Sie denken an Ihre Mitmenschen. Ihnen würde nicht im Traum einfallen, so egoistisch zu sein. Das freut uns alle. Vielen Dank dafür. Danke, dass Sie mitdenken.

Übrigens Stichwort „mitdenken".

Kann es sein, dass manche Egoisten gar nicht merken, was sie da tun? Dass sie gerade nur an sich denken?

Ist das Naivität? Unwissenheit? Unkonzentriertheit? Oder ist es einfach nur Blödheit?

Oh, jetzt wird er aber direkt, der Autor. Haben Sie sich das gerade gedacht? Kein Problem, können Sie ruhig.

Auch hierzu mal ein paar Beispiele.

Wer von Ihnen geht regelmäßig in den Supermarkt? Haben wir da nicht alle schon diese Egoisten getroffen?

Da bleibt der Einkaufswagen mitten im Gang stehen. Kein Gedanke daran, dass sich da ja auch noch andere Menschen befinden, die dort vielleicht vorbei müssen. Und wenn dann noch jemand anderes an der Kühltheke nach seinem Produkt schauen möchte, dann kommt erst recht keiner mehr durch. Aber hey, kein Problem, lassen sie ruhig ihren Wagen einfach in der Mitte des Ganges stehen. Wir quetschen uns schon irgendwie da durch.

Ich weiß nicht, wie es Ihnen dabei geht, aber ich werde dann leicht sauer. Ich schiebe dann den fremden Wagen demonstrativ zur Seite.

Was passiert? Ich kriege böse Blicke, so ganz nach dem Motto: „Was fällt Ihnen ein, einfach den Wagen wegzuschieben?"

Dass dieser Wagen andere Menschen stören könnte, nein daran wird nicht gedacht. Entschuldigen Sie, lieber Egoist, ich bin aber auch unverschämt, dass ich Ihren Wagen angefasst habe, nur damit andere Platz haben. Es wird nicht wieder vorkommen.

Doch. Wird es. Immer wieder. Bis Sie es lernen. So, dem habe ich es aber gezeigt.

Bringt diese Erziehungsmaßnahme etwas? Wahrscheinlich bei 99% nichts. Möglicherweise ist 1% dabei, die dann beim nächsten Mal mitdenken.

Also auch hier wieder die berechtigte Frage: Naivität, Unkonzentriertheit oder einfach nur Blödheit?

Machen Sie sich selbst Ihr Bild und geben Sie sich selbst eine Antwort darauf. Ich habe meine schon längst gefunden.

Das Schlimme an der Situation im Supermarkt ist aber folgendes. Von diesen Egoisten gibt es noch mehr.

Die tauchen spätestens an der Kasse wieder auf. Kennen Sie das auch? Sie stehen vor der Kasse am Band, legen Ihre Einkäufe nach und nach auf das selbige und hinter Ihnen hat es schon wieder jemand besonders eilig. Der fährt Ihnen schon mal mit seinem Einkaufswagen in die Hacken oder legt seine Sachen schon aufs Band, obwohl er noch gar nicht dran ist, beziehungsweise noch gar keinen Platz hat. Aber das ist diesem Egoisten egal. Hauptsache bei ihm läuft alles nach Plan.

Jetzt aber bitte nicht den Fehler machen, etwas zu sagen oder böse nach hinten zu gucken. Nein, machen Sie das bitte nicht.

Er hat doch nichts falsch gemacht. Ist doch Ihre Schuld, wenn Sie sich nicht schneller aus dem Staub machen. Sie sind aber auch ein Egoist. Denken wieder nur an sich selbst.

Beim Verlassen des Supermarktes begegnen wir dann noch dem letzten Egoisten seiner Art. Wir haben links und rechts die schweren Tüten in der Hand. Vor uns geht jemand durch die Tür nach draußen – und zack kriegen wir die Tür vor die Nase. Vielen Dank. Sie müssen sich nicht umschauen, ob hinter ihnen auch jemand raus will, der vielleicht keine Hand frei hat, um die Tür zu öffnen. Ist schon okay.

Denken Sie nur an sich. Halten Sie uns bitte ja nicht die Tür auf. Das wäre nicht Ihrem Naturell entsprechend.

Rufen Sie dann auch manchmal ganz süffisant hinterher: *„Vielen Dank. Geht schon. Sie brauchen die Tür nicht aufzuhalten!"*

Aber diesen Sarkasmus versteht der Egoist meistens eh nicht. Der lebt in seinem eigenen Mikrokosmos.

Das würden Sie nie machen? Andere Menschen auf diese Art anzusprechen? Ist ja okay. Müssen Sie auch nicht. Da unterscheiden wir uns eben. Und das ist ja auch gut so, dass wir Menschen alle verschieden sind. Stellen wir uns mal vor, wir wären alle gleich. Alle nett, freundlich, zuvorkommend und nicht egoistisch. Worüber sollte ich denn dann meine Bücher schreiben?

An dieser Stelle meinen Dank an alle, die anders sind. Also anders von ihrer Verhaltensweise her.

Zu diesem Thema fällt mir gerade noch etwas anderes ein. Man liest ja häufig in irgendwelchen Umfragen, dass sich die Menschen ein besseres Miteinander wünschen. Mehr Freundlichkeit, mehr Höflichkeit und dergleichen. Das ist ja schön und gut. Aber wie soll das funktionieren, wenn wir nicht bei uns selbst damit anfangen?

Das fängt doch schon bei diesen so genannten Kleinigkeiten an. Zum Beispiel „*Bitte*" und „*Danke*". Zwei Wörter, beziehungsweise zwei Verhaltensweisen, die wir doch eigentlich alle mal gelernt haben, oder?

Entweder von unseren Eltern oder im Kindergarten. Aber warum fällt es vielen Menschen denn so schwer, diese beiden Wörter über die Lippen zu bekommen?

Eine Zeit lang war mein erster Weg immer morgens zu meinem Lieblingsbäcker. Man kommt rein, sagt „*Guten Morgen.*" Gibt seinen Wunsch an die nette Dame hinter der Theke weiter: „*Drei Brötchen bitte.*" Man erhält seine Brötchen und sagt: „*Danke*" und „*Auf Wiedersehen*".

So weit so gut.

Jetzt kommt es ja manchmal vor, dass man warten muss. Andere Kunden sind vor einem dran. Die nächsten stehen schon hinter uns. Ganz normal. Was allerdings nicht normal ist, dass weniger als die Hälfte der Menschen, die nach mir reinkommen, überhaupt „*Guten Morgen*" sagen. Und von denen, die den Laden verlassen, sind es auch nicht viel mehr, die „*Auf Wiedersehen*" sagen. Und „*Bitte*" und „*Danke*", diese beiden Wörter sind bei den meisten anscheinend aus ihrem Sprachschatz völlig verloren gegangen.

Hat das jetzt was mit Egoismus zu tun, fragen Sie sich vielleicht gerade. Ich weiß es nicht. Wahrscheinlich hat es eher etwas mit Arroganz, Überheblichkeit oder auch Dummheit zu tun.

Es gibt in unserem Training einen sehr schönen und sehr wichtigen Tagespunkt:

EBENBÜRTIGES VERHALTEN!

Was ist damit gemeint?

BEHANDLE DEINEN GEGENÜBER SO, WIE DU AUCH GERN BEHANDELT WERDEN MÖCHTEST!

Das haben wir doch bestimmt alle schon mal gehört.

Die nette Dame hinter der Theke hat bei denen, die nicht *„Bitte"* oder *„Danke"* sagen konnten, immer ganz bewusst die Betonung auf genau diese Worte gelegt. Ich musste immer schmunzeln, wenn sie das tat. Ich habe mich in einer ruhigen Minute mit ihr dann mal darüber unterhalten. Und das erschreckende daran war, dass sie sagte, dass bestimmt 70-80 Prozent ihrer Kunden kein *„Bitte"* und *„Danke"* sagen würden. Dabei wären das doch zwei so einfache, aber gewichtige Worte.

Das brachte mich zum Nachdenken.

Was können wir tun, damit die Menschen dieses ebenbürtige Verhalten besser verinnerlichen? Können wir überhaupt etwas tun?

Das Ganze verhält sich ja ähnlich, wie mit dem Thema Zuhören. Wir haben ja eingangs gesagt, dass der Egoist nur von sich redet und kein Interesse hat, anderen zuzuhören.

Zu diesem wichtigen Thema gab es vor Jahren mal eine interessante Begebenheit. Ich las in der Tageszeitung unter der Rubrik: Handelsregistereintragungen; Neugründungen; folgende Überschrift: Zuhörakademie.

Klasse, habe ich gedacht. Endlich mal einer, der erkannt hat, wie wichtig dieses Thema ist. Ich war begeistert.

Nach einigen Monaten stand unter der Rubrik: Schließungen; Zuhörakademie.

Ist das nicht traurig? Keiner wollte anscheinend da hin. Alle waren der Meinung, dass sie das ja können und auch machen, zuhören.

Ob das so ist, können Sie selber entscheiden.

Heißt das im Umkehrschluss, dass wir alle Egoisten sind, wenn wir nicht hundertprozentig zuhören? Nein, natürlich nicht. Das kann sein, muss aber nicht.

Ich habe vor ca. zwei Jahren das Fitnessstudio gewechselt. Wie es so üblich ist, dauert es eine Weile, bis man die ersten Kontakte knüpft. Alles überwiegend sehr nette, aber ganz unterschiedliche Leute dort.

Nach kurzer Zeit merkt man allerdings sehr schnell, wer sich auch aufrichtig für dich interessiert und wer nur darauf aus ist, von sich selbst zu erzählen. Es gibt also solche und solche. Die Egoisten und die – ja wie sollen wir sie nennen – Aufgeschlossenen, die Ehrlichen.

Mit wem würden Sie lieber reden? Mit gar keinem? Sie gehen ins Fitnessstudio, um zu trainieren, nicht um zu reden? Da haben Sie vollkommen Recht. So sollte es auch sein. Das ist auch mein erster Ansatz. Auf der anderen Seite ist es aber auch ganz schön, sich mit vernünftigen, normalen Menschen zu unterhalten und trotzdem sein Trainingsprogramm durchzuziehen.

Sie glauben, dass das nicht geht?

Doch. Man muss nur konsequent sein. Wenn jemand zu viel redet, kann man ihm das nett sagen, im Sinne von: *„Sei mir nicht böse, aber ich habe nur eine Stunde Zeit zu trainieren, danach muss ich wieder ins Büro."*

In der Hoffnung, dass er den Wink mit dem Zaunpfahl versteht.

Leider habe ich auch schon erlebt, dass das manchen Leuten total egal ist. Die quatschen einfach weiter.

Es gibt aber auch die, die es verstehen und sich dann jemand anderen suchen, den sie zutexten können.

Die Alternative ist, man trainiert einfach weiter, während der andere redet und redet. Das kann allerdings für beide Seiten auf Dauer sehr unangenehm werden.

Wobei, wenn es Menschen sind, die sich absolut nicht für dich interessieren, dann ist das auch egal, wenn es für den anderen unangenehm wird. Dann müssen wir aber auch selber mal der Egoist sein und die Flucht nach vorn anstreben.

Denn wenn man zum Beispiel drei Wochen im Urlaub war, das heißt also auch drei Wochen nicht im Fitnessstudio, dann zurückkommt und derjenige, der im Fitnessstudio förmlich wohnt, also jeden Tag da ist, nicht mal fragt, *„Wo warst Du?"* oder *„Wie war dein Urlaub?"* oder was auch immer, dann brauche ich mich doch eigentlich mit diesem Menschen auch nicht weiter zu unterhalten, oder?

Sehen Sie das anders?

Na gut, ich habe bewusst geschrieben, eigentlich. Weil ich es trotzdem mache. Ich bin ja nicht so. Aber nur kurz und knapp. Und weiter trainiert wird auch. Aber immer freundlich lächeln. Auch wenn das Thema mittlerweile schon zum fünften Mal angesprochen wird.

Diese Kandidaten gibt es übrigens in allen Altersklassen und aus jeder Gesellschaftsschicht.

Einen Klassiker zum Thema Egoist im Fitnessstudio kennen wir doch alle. Wie bitte? Sie gehen nicht ins Fitnessstudio? Dann wird es aber höchste Zeit. Allein schon um die verschiedensten Arten von Menschen, bzw. Egoisten zu studieren, ist ein Besuch Gold wert. Und wenn wir gleichzeitig noch etwas für unsere Gesundheit tun, dann hat sich das doch schon gelohnt.

Also, welchen Typen von Egoisten begegnen wir dort? Es sind die „Geräteblockierer" und die „Nichtswiederwegräumer". Wobei meistens ist das ein und dieselbe Person.

Der „Geräteblockierer" ist derjenige, der sich ewig lange an einem Gerät aufhält, aber nicht wirklich trainiert. Der sitzt dort und schaut auf sein Handy, schreibt SMS oder surft im Internet. Dass andere vielleicht auch mal an genau dieses Gerät wollen, daran denkt dieser Egoist nicht.

Und dass man genutzte Hanteln oder Gewichte generell auch wieder dahinbringen soll, wo man sie her hat, das ist fast aussichtslos. Wahrscheinlich waren die Übungen vorher so anstrengend, dass am Ende keine Kraft mehr war, um die Hanteln wieder wegzuräumen.

Man fragt sich nur, ob es bei denen zuhause auch so aussieht? Ob denen da auch der Ar... nachgetragen wird?

Man muss an dieser Stelle dazu sagen, dass das Fitnessstudio eines der gehobenen Klasse ist. Was nicht heißen soll, dass die Menschen dort besser sind oder mehr Wert oder was auch immer. Im Gegenteil. Oftmals sind diejenigen, die meinen etwas Besseres zu sein, die Schlimmsten von allen.

Das sieht man leider auch sehr häufig im Golfclub. Diese Sportart hat ja immer noch den Ruf sehr elitär zu sein. Was sie aber seit vielen Jahren gar nicht mehr ist.

Okay, wir könnten jetzt darüber diskutieren, ob Golf eine Sportart ist oder nicht. Aber das wollen wir nicht. Das ist nämlich ganz einfach zu beantworten. Jeder, der es mal versucht hat und ich rede jetzt nicht davon, einen Eimer Bälle auf der Drivingrange zu schlagen, sondern ich meine eine komplette 18 Loch-Runde zu gehen und dabei noch zu versuchen, erfolgreich zu sein, der weiß wovon ich rede.

Das ist so, wie mit allem im Leben. Was man selbst noch nicht ausprobiert hat, kann man auch nicht beurteilen.

Aber zurück zu unserem Thema. Den Egoisten. Na klar gibt es die beim Golfen auch. Es gibt diejenigen, die auf der Runde am liebsten nicht angesprochen werden wollen, weil sie sich auf ihr Spiel konzentrieren wollen. Vollstes Verständnis.

Dann gibt es natürlich auch die, die vier Stunden lang, nur von sich reden. Was sie letztes Mal auf dem Platz gemacht haben; Was Sie für neue Schläger haben; Wie toll sie einfach sind; usw. usw.

Vor kurzem hatte ich genau zu diesem Typ Egoist wieder zwei interessante Erfahrungen.

Beim dem ersten Fall standen wir mit mehreren Leuten in der Nähe des ersten Abschlags, als auf einmal ein anderer Spieler an uns vorbeiging, mich sah und anhielt. Wir begrüßten uns und er sagte in seinem ersten Satz:

„Ich kann ja heute nicht mitspielen. Ich habe neue Medikamente bekommen, da muss sich mein Körper erst noch dran gewöhnen."

Wer will das wissen? Früher in der Schule gab es den schönen Spruch:

„Wo steht der Bus? Welcher Bus? Der mit den Leuten, die das interessiert!"

Steht auf meiner Stirn: *„Hallo. Quatschen Sie mich bitte voll. Ich habe gerade nichts anderes zu tun!"*

Nein, natürlich nicht. Gut, ich habe freundlich gelächelt und zugehört. Aber eigentlich waren wir gerade in einem ganz anderen Gespräch, das durch diesen Egoisten radikal unterbrochen wurde.

Als er dann wieder ging, sagte ich zu meinen eigentlichen Gesprächspartner: *„Entschuldige, Du warst gerade beim Thema..."*

Merken das diese Menschen eigentlich gar nicht? Oder ist denen das einfach egal?

Die Erfahrungen der letzten 20 Jahre haben gezeigt, dass die meisten Menschen es überhaupt nicht merken. Denen müsste man mal klar und deutlich sagen, was dort gerade passiert. Aber wer macht das schon?

Ein anderer Fall trug sich nach einer Runde Golf zu. Man sitzt in der Regel nach der Runde noch gemütlich zusammen, unterhält sich, trinkt oder isst etwas. Nach und nach kommen immer mehr Spieler dazu.

Ich saß am Tisch mit zwei anderen Spielern, als ein weiterer dazu kam. Er begrüßte mich, setzte sich hin und fragte mich nach einer kurzen Zeit:

„Und? Was gibt es bei Dir so neues?"

Ich schaute ihn freundlich an und antwortete:

„Schön, dass Du fragst. Ich habe zwei Bücher geschrieben und gerade veröffentlicht."

Was glauben Sie, wie seine Reaktion war?

Sie denken, er hat mich nach den Büchern gefragt?

Schön wär's. Nichts hat er gefragt. Gar nichts. Er hat mich angeschaut und nichts dazu gesagt.

Ich habe dann auch nichts weiter dazu gesagt. Ich gehe bestimmt nicht hin und dränge mich jemand anderem auf. Wenn er kein Interesse hat, darüber etwas zu erfahren, dann ist das eben so.

Ich frage mich nur, warum er mich dann überhaupt gefragt hat?

Ach so, ich weiß warum. Ein paar Minuten später hat er mir nämlich erzählt, dass er sich ein neues Auto gekauft hat und wie toll das alles ist.

Wie habe ich reagiert? Am liebsten hätte ich mich zu meinem anderen Sitznachbarn umgedreht und gar nicht darauf reagiert.

Aber da ich ja gut erzogen bin, habe ich zugehört, nachgefragt und Interesse gezeigt. Was ich an dieser Stelle auch tatsächlich hatte.

Geärgert habe ich mich im Nachhinein trotzdem. Wenn es dich nicht interessiert, dann fragt mich doch auch nicht! Waren meine Gedanken dazu.

Wenn Sie jemand fragt: *„Sag' mal, was hältst Du eigentlich von Bayern München?"*

Fragt er Sie das, weil er Ihre Meinung wissen will oder fragt er Sie das, damit er Ihnen sagen kann, was er von Bayern München hält?

Die Antwort ist uns allen sicher klar.

An dieser Stelle muss ich aber dringend mal wieder Werbung in eigener Sache machen. Wenn Sie zufällig Golfer sind oder vorhaben einer zu werden, dann kann ich Ihnen einen ausgezeichneten „Ratgeber der besonderen Art" empfehlen.

Der Golfer! Verhaltenstraining am lebenden Objekt! Besser im Rough als im Büro!

In diesem hervorragenden Buch wird dem Golfer der Spiegel vorgehalten. Nicht in Bezug auf sein Spiel, sondern in Bezug auf sein Verhalten.

Wenn Sie Lust haben, mehr zu erfahren, als die Beispiele, die wir gerade besprochen haben, dann sollten Sie sich diese Lektüre gönnen.

Nun aber wieder zurück zu unseren Beispielen. Und diese bisherigen Beispiele von Egoisten waren nur einige von Tausenden. Die gibt es in allen möglichen Situationen. Gern natürlich auch in der Politik. Wenn man die Reden im Bundestag einmal verfolgt, dann merkt man, wie wenig Interesse die Politiker an anderen Politikern haben. Oder an deren Reden. Die stellen sich da vorn hin und erzählen nur von sich selbst.

Von ihren Ideen, von ihrer Partei, von ihren Zielen und dergleichen mehr. Okay, manchmal holen sie auch zum Rundumschlag gegen die anderen Parteien oder Redner aus. Das muss natürlich auch sein. Aber danach wird wieder nur noch von sich geredet.

Die Parteien müssen sich doch nicht wundern, wenn kein Mensch mehr wählen geht, bei all dem egoistischen Blödsinn, den die dort verzapfen.

Ich merke gerade wieder, dass ich mich da schnell reinsteigern kann. Will ich aber nicht. Ich will ja meine eigenen Werkzeuge beherzigen. Eines davon lautet:

ÜBER WEN ODER WAS ICH MICH ÄRGERE, DAS BESTIMME ICH IMMER NOCH SELBST!

Woraus resultiert dieser wichtige Satz?

Ich stelle meinen Teilnehmern immer die Frage:

„Ärgern Sie sich über den anderen oder ärgert der andere Sie? Was ist richtig?"

Alle schauen mich an und sagen:

„Der andere ärgert uns."

Da kommen dann Formulierungen wie zum Beispiel:

„Der hat mich gerade geärgert ... mit seiner Art und Weise ... mit seiner dämlichen Frage ... mit seiner Überheblichkeit ... usw. usw."

Doch letztendlich sind wir diejenigen, die sich über den anderen ärgern. Passend dazu sagte in einer reinen Herrenrunde ein etwas älterer Teilnehmer zu den meist jüngeren Kollegen folgendes:

„Ich bin in meinem Leben mittlerweile so weit, über wen ich mich ärgere, dass bestimmte ich immer noch selbst!"

Die jüngeren Kollegen schauten ihn alle ganz entgeistert an. Und er sagte weiter:

„Was bringt es mir, mich in bestimmten Situationen aufzuregen? Ich kriege einen hochroten Kopf, mein Blutdruck steigt und was habe ich davon? Nichts!"

Und wenn wir uns mal selbst hinterfragen, denn das war ja unser Ziel, sich mal den Spiegel vorzuhalten. Wann haben wir uns das letzte Mal über irgendetwas oder irgendwen geärgert?

Und? Was hat es uns gebracht? Nichts!

Das beste Beispiel hierzu ist doch wieder der Straßenverkehr. Da könnten wir uns doch jeden Tag über alles und jeden aufregen.

Das Schlimme ist nur, dass es leider im Leben so viele verschiedene Situationen gibt, über die wir uns immer wieder aufregen können. Es gibt nicht nur den Straßenverkehr. Es gibt noch viele andere Situationen.

Woran denken Sie gerade?

Ich weiß gar nicht, wo ich anfangen soll.

Nehmen wir doch mal ein Thema, über dass wir uns bestimmt alle schon mal aufgeregt haben. Etwas, dass wir dem Zeitalter der Technik zu verdanken haben. Das Handy. Besser gesagt, das Smartphone.

Haben wir uns nicht alle schon über diese Dinger aufgeregt? Nicht über unsere eigenen.

Aber über diese egoistischen, laut sprechenden Störenfriede. Die telefonieren überall und zu jeder Zeit.

Im Zug, im Restaurant, an der Haltestelle, in der Straßenbahn, auf der Toilette, im Supermarkt, beim Bäcker, beim Sport, im Auto, auf dem Fahrrad, beim Joggen, im Urlaub und was weiß ich noch wo.

Und natürlich nicht nur das Telefonieren nervt, sondern auch das ewige Gebimmel, wenn die SMS Nachrichten ankommen. Wobei das vielleicht nicht ganz so nervend ist, wie diese Telefoniererei.

Auch hier könnten wir alle wahrscheinlich wieder hunderte von Beispielen aufzählen.

Nehmen wir nur das Beispiel Urlaub. Der Urlaub soll ja der Erholung dienen. Man soll abschalten. Aber was heutzutage fast keiner mehr abschaltet, ist sein Handy.

Während unseres letzten Urlaubes gab es mal wieder einen Spezialfall. Dieser Typ lag auf seiner Liege und es dauerte nicht lange, bis das erste Mal das Handy klingelte. Wir lagen bestimmt 30 Meter von ihm entfernt, aber wir haben jedes Wort verstanden. Ich habe mich nur gefragt, wie sich seine direkten Nachbarn wohl so fühlen müssen?

Er unterhielt den ganzen Poolbereich.

Wenn das eine Telefonat beendet war, dann hat er jemand anderen angerufen. Und das ging den ganzen Tag so weiter. Grausam, dieser Egoist. Ob das vielleicht irgendwen stören könnte, da hat er sich nie und nimmer Gedanken drüber gemacht.

Dieses ganze Verhalten wurde dann am nächsten Morgen bestätigt, als dieser telefonierende Egoist nämlich zwei Tische weiter saß. Was hatte er in der Hand? Natürlich sein Handy. Ach und nicht zu vergessen, das Tablet lag auch noch auf dem Tisch.

Gespräche mit der Familie werden völlig überbewertet. Auch dem Personal *„Danke"* oder *„Bitte"* zu sagen, nein, das ist nicht so wichtig.

Jetzt wissen wir auch, warum man uns Touristen nicht leiden kann. Wegen solcher Vollidioten. Vielen Dank auch.

Jetzt werde ich aber zu hart? Nein. Es muss doch mal gesagt werden. Solchen Egoisten müsste man das Handy wegnehmen, in die Kaffeetasse tunken und ihnen das Tablet über der Schädel hauen.

Keine Angst. Ich mache nur Spaß. Soweit soll es bitte nicht kommen. Aber wir merken schon wieder, ich könnte mich stundenlang darüber aufregen. Aber wem erzähle ich das?

Sie sind ja nicht so. Sie sind anders. Sie achten auf Ihre Mitmenschen. Sie gehen aus dem Restaurant raus, wenn ihr Handy summt. Denn Sie haben es wenigstens auf Lautlos gestellt. Sie führen die Gespräche so, dass nicht jeder mitbekommt, was Sie dort erzählen. Sie nehmen Rücksicht. Vielen Dank!

Das andere Übel an diesen Smartphones ist ja, dass man damit nicht nur SMS schreiben und telefonieren kann, sondern man kann mit den Dingern auch Musik hören oder Videos und Filme gucken. Das wäre ja grundsätzlich auch nicht so schlimm, wenn nicht wieder genau neben mir in der Bahn ein junger Typ sitzen würde, der mir die volle Dröhnung gibt. Wieso mir?

Weil er seine Musik so laut hört, dass ich mich frage, warum der überhaupt Kopfhörer braucht?

Aber hey, kein Problem. Ich sitze nur direkt neben dir. Dreh ruhig noch ein bisschen auf. Der Tinnitus ist nur eine Frage der Zeit. Und wir anderen in der Bahn, wir fühlen uns nicht gestört. Nein, ist kein Problem!

Jetzt höre ich schon wieder den einen oder anderen sagen, Mensch ist der Typ kleinlich. Man muss ja nicht alles so eng sehen.

Da haben Sie vollkommen Recht. Muss man nicht. Ich habe mir auch ganz schnell die Frage gestellt:

Was bringt es mir, wenn ich mich jetzt darüber ärgere? Nichts. Also lasse ich es sein. Aber leicht ist das nicht.

Und machen Sie bitte eines niemals. Sprechen Sie nie diesen etwas zu tauben Musikfan darauf an. Das kann nur nach hinten losgehen. Wenn es gut läuft bekommen Sie einen dummen Spruch. Wenn es schlecht läuft, kriegen Sie eine Faust ins Gesicht. Nicht, dass mir das schon mal passiert ist. Gott sei Dank nicht. Aber man muss nur die Zeitungen aufschlagen und man liest so etwas leider immer wieder.

Apropos Bahn fahren, nein wir wollen uns jetzt nicht über die Bahn aufregen, das wäre ein Thema für ein separates Buch.

Wo trifft man dort denn auch hin und wieder diese klassischen Egoisten? Kommen Sie, die haben wir alle schon erlebt.

Stellen wir uns folgende Situation vor. Es ist Feierabendzeit. Wir wollen mit der Bahn nach Hause. Wir stehen an der Haltestelle. Mit uns stehen da natürlich noch einige andere Menschen, die auch alle nach Hause wollen. Die Bahn kommt, die Türen gehen auf und was passiert? Die ersten gehen rein. So weit so gut. Aber auf einmal stockt das ganze etwas. Es wollen ja noch mehrere Menschen in diese Bahn.

Geht aber nicht. Warum? Weil einige diese Spezialisten direkt an den Türen stehen bleiben. Die gehen nicht weiter durch, nach links oder rechts. Nein. Warum auch. Lieber direkt an der Tür stehen bleiben. So kann man schnell wieder raus.

Dieses Phänomen sieht man übrigens auch sehr häufig, wenn man vom Ferienflieger in den wartenden Bus auf dem Rollfeld steigt. Genau die gleiche Situation. Ein paar Menschen gehen bis hinten durch, der Rest bleibt vorn stehen und die, die noch kommen, müssen zusehen, wie sie sich noch irgendwie in den Bus reinquetschen.

Auch hier, vielen Dank liebe Egoisten. Schön, dass Sie wieder nur an sich gedacht haben.

Oh, jetzt habe ich SIE aus Versehen groß geschrieben. Also ich wollte Sie nicht direkt ansprechen. Es sei denn, Sie fühlen sich gerade angesprochen. Dann ist es gut so.

Auch hier, bei dem Thema Urlaub, gibt es unendlich viele Situationen, in denen wir auf die Egoisten treffen. Einige haben wir ja schon angesprochen.

Zufälligerweise gibt es auch zu diesem Thema einen „Ratgeber der besonderen Art":

Der Urlauber!** **Verhaltenstraining am lebenden Objekt!

Ähnlich, wie bei dem Thema „Der Autofahrer" beschäftigt sich dieses Buch auch hier mit den verschiedensten Situationen vor, während oder nach dem Urlaub. Also, wenn Ihnen dieses Buch jetzt gerade gefällt, dann werden Sie mit dem Buch „Der Urlauber" mit Sicherheit auch Ihre Freude haben.

Verdammt nochmal, schon wieder Eigenwerbung. Langsam reicht es aber damit. Immer diese Egoisten!

Okay, dann zurück zu unserem Thema. Wo begegnen uns denn noch diese so genannten Egoisten? Eigentlich überall. Da weiß man gar nicht, wo man weiter machen soll.

Es gibt sie, für uns alle sichtbar, im Fußball. Also für die unter uns, die sich für Fußball interessieren, regelmäßig gucken oder vielleicht sogar selbst aktiv sind. Wobei, gerade wenn die Fußballweltmeisterschaft ist, sind ja irgendwie alle dabei. Auch die, die sonst mit Fußball nichts am Hut haben.

Wie oft hört man dann bei den Übertragungen:

„Gib' schon ab. Rechts steht einer frei."

„Der will den Ball am liebsten ins Tor tragen. Dabei hätte er doch abspielen können."

Und noch viele solcher Äußerungen mehr. Ja genau, da sind sie wieder, diese Egoisten. Obwohl Fußball ja ein Mannschaftsport ist, können wir dort immer wieder egoistisches Verhalten beobachten. Aber vielleicht gehört das auch dazu. Möglicherweise muss man auch mal egoistisch sein, so ganz nach dem Motto:

„Gib' mir den Ball. Den Elfer schieße ich."

Wenn er dann ins Tor genagelt wird, ist ja auch alles gut. Aber wehe, der Ball wird mit einer Arroganz geschossen, so dass jeder schon weiß, das kann nichts geben. Dann wird dieser Egoist natürlich erst mal an den Pranger gestellt.

Dann ist wieder der Trainer gefragt, wie er mit dieser Situation umgeht. Und diesen Trainer gibt es ja in vielen anderen Lebenslagen auch. Das kann der Chef, also die Führungskraft sein. Das kann der Vater oder die Mutter sein. Das kann der Pfarrer in der Kirche sein.

Jeder von diesen Menschen hat wahrscheinlich immer mal wieder mit Egoisten zu tun. Vielleicht ist er oder sie ja auch selber mal dieser Egoist. Wer weiß das schon.

Worum geht es hierbei?

Es ist immer die Frage, wie gehen wir mit diesen Egoisten um?

Dazu fällt mir gerade ein weiteres Beispiel ein, welches uns alle schon mal betroffen hat. Unsere Nachbarn. Unter denen gibt es doch mit Sicherheit auch den einen oder anderen Egoisten, oder?

Da gibt es denjenigen, der die Musik mal wieder so laut aufdreht, dass die eigenen Gläser im Schrank vibrieren.

Oder den Nachbarn, der auch gern um 23.00 Uhr noch mal den Hammer schwingt. Und es gibt auch den egoistischen Nachbarn, der den Hausmüll mit dem Sperrmüll verwechselt, so dass die Tonne mal wieder voll ist mit Zeug, dass da nichts verloren hat.

Aber was soll's, kein Problem. Hauptsache Sie sind zufrieden. Hauptsache Ihnen geht es gut. Das freut uns für Sie. Verdammt. Jetzt habe ich SIE schon wieder groß geschrieben.

Sie müssen ja denken, ich rede die ganze Zeit von Ihnen. So ist das ja nicht. Obwohl …

Wenn es Sie betrifft, dann schon. Aber nein. Wovon rede ich? So etwas würden Sie niemals tun. Sie achten auf Ihre Nachbarn.

Sie wissen, dass die Häuser sehr hellhörig sind. Sie melden den Sperrmüll ordentlich an. Sie telefonieren nicht so laut auf dem Balkon, so dass jeder alles mithören kann. Sie sind ein perfekter Nachbar.

Sie sind generell ein Mensch, der diese ganzen Egoisten nicht verstehen kann, oder?

Diese undankbaren und Ich-bezogenen Menschen. Diese Art von Menschen, die im Kaufhaus in der Umkleidekabine einfach alles liegen lassen, was nicht gefallen oder gepasst hat.

Dass das dem Personal und den anderen Kunden gegenüber unhöflich und respektlos sein könnte, das interessiert die nicht.

Die Menschen, die Ihnen zu dritt auf dem Fußweg entgegen kommen und Sie fasst über den Haufen rennen. Die kommen nicht auf die Idee, mal ein bisschen Platz zu machen. Natürlich nicht. Was laufen wir auch gerade auf dem viel zu kleinen Bürgersteig, wenn die drei da langlaufen. Wir könnten doch auch woanders lang gehen. Wir sind aber auch schlimm. Immer denken wir nur an uns.

Aus dem Verhaltenstraining gibt es einen sehr passenden Tagespunkt dazu:

WIRKEN HEISST: VOM ANDEREN REDEN!

Und damit ist bitte nicht gemeint über den anderen zu reden. Nein „wirken heißt, vom anderen reden" bedeutet folgendes.

Wenn ich Ihnen zum Beispiel sage:

„Ihre Art und Weise, wie Sie etwas präsentieren, wirkt sehr erfrischend."

„Ihr Erscheinungsbild ist immer dem Anlass entsprechend korrekt."

„Ihr Einsatz spiegelt Ihren festen Willen wieder, das Ziel zu erreichen."

Was mache ich in dem Moment?

Richtig, ich rede nicht von mir. Sondern ich rede nur von dem anderen. Was übrigens nichts damit zu tun, dem anderen hinten rein zu kriechen. Das ist damit nicht gemeint. Da ist wahrscheinlich eh kein Platz mehr, weil schon ein anderer …

Okay, wir wollen das jetzt nicht weiter vertiefen.

Was sagt das aber gleichzeitig über mich aus, wenn ich zum Beispiel sage: *„Wie Sie etwas präsentieren, wirkt sehr erfrischend."* In wie fern wirke ich denn mit dieser Aussage?

Dass ich, in meinem Fall als Verhaltenstrainer, besonderen Wert darauf lege, dass eine Präsentation mitreißend und originell ist und nicht langweilig und langatmig.

Was lernen wir daraus? Wir können ohne Probleme vom anderen reden, wirken dabei in verschiedene Richtungen. Zum einen empfindet unser Gesprächspartner das als Lob und er freut sich darüber. Zum anderen wirkt es auf das Unterbewusstsein des Gegenübers, weil es auch über mich viel aussagt, obwohl ich gar nicht von mir gesprochen habe.

Unterm Strich profitieren beide Seiten davon.

Denn fragen wir doch mal anders herum:

Was ist denn das Lieblingswort des Egoisten?

Ich ich ich ich ich ich …

Machen Sie doch mal den Test. Wenn Sie in den nächsten Tagen die verschiedensten Menschen treffen, also Kollegen, Kunden, Freunde oder Familie. Dann zählen Sie doch bitte im Stillen mal mit, wie oft das Wörtchen ICH in den Sätzen vorkommt. Nehmen Sie sich eine Zeitspanne von ca. 5 Minuten. Das reicht schon. Sie werden überrascht sein.

Diesen Test kann man übrigens auch mal als Selbstversuch machen.

Aber seien Sie nachher nicht geschockt. Auch das wird Sie vielleicht überraschen.

Letztens hat ein Kunde zu mir gesagt, die meisten Egoisten findet man doch unter den Verkäufern. Egal ob es Verkäufer sind, die im Einzelhandel, in der Versicherungsbranche, im Bankensegment oder in sonst einem verkaufsbezogenen Beruf tätig sind. Dort gibt es die meisten Egoisten. Die wollen doch alle nur ihre Provision kassieren. Was der Kunde will, ist denen doch völlig egal.

Stimmt das? Können Sie das bestätigen?

Ich habe länger darüber nachgedacht, einige Feldversuche gemacht, und bin zu dem Entschluss gekommen. Er hatte Recht. Meistens.

Hier nur einige Beispiele von Verkäufern, die sich nur für ihr eigenes Wohl interessieren, aber nicht für das Wohl des Kunden. Aber auch Beispiele von Verkäufern, die sich doch für den Kunden interessieren. Die soll es auch geben. Und es gibt sie auch. Ich habe den ein oder anderen gefunden.

Als ich vor einiger Zeit in ein Bekleidungsgeschäft ging, um mich nach einem neuen Anzug umzusehen, habe ich mal wieder eine interessante, aber zugleich auch erschreckende Erkenntnis gemacht, die leider viele Erfahrungen aus der Vergangenheit bestätigen.

Was ist das für ein Geschäft und was ist da konkret passiert?

Zum Geschäft:

Es ist ein sehr hochwertiges Warenhaus, welches einen guten Ruf bezüglich seiner Produkte und eigentlich auch wegen seiner Mitarbeiter hat. Ich sage bewusst eigentlich, denn Sie können sich schon denken, dass nicht alles so glatt gelaufen ist.

Also, was war passiert?

Ich ging in die entsprechende Abteilung und schaute mich um. Viel Auswahl. Einige Verkäufer, die Kunden bedienten. Andere, die miteinander redeten und wiederum andere Verkäufer, die Löcher in die Luft starrten. Man muss dazu sagen, es ist eine recht große Abteilung.

Wie gesagt, ich schaute mich um.

Nach einer kurzen Weile, so ca. 3 Minuten, kam ein Verkäufer, in einem sehr modischen, eng geschnittenen Anzug, auf mich zu und sagte:

„Guten Tag. Kann ich Ihnen helfen?"

Was sagen Sie, wenn Sie so eine Frage gestellt bekommen?

Ich kann diese Frage nicht mehr hören. Deshalb meine Antwort:

"Guten Tag. Mir ist nicht mehr zu helfen."

Das Ganze natürlich mit einem Lächeln. Dennoch war die Reaktion des jungen, stylischen Verkäufers erst mal ein verdutztes Schweigen. Bis er dann, nachdem er sich gesammelt hatte, sagte:

"Sie suchen bestimmt einen Anzug?!"

Nur noch mal zur Erinnerung.

Ich war genau im Zentrum dieser Abteilung, in der es nur Anzüge gab. Nichts anderes.

"Da haben Sie Recht. Ich suche einen Anzug."

Ich dachte mir, okay sei nett und lass dich mal beraten. Vielleicht hat er ja Ahnung und zeigt dir was Schönes.

Wie war seine Reaktion?

"Dann schauen Sie sich ruhig um. Wenn Sie Fragen haben, sagen Sie mir bescheid." Und er ging weg.

Damit hätte ich jetzt nicht gerechnet. Aber ich stand allein inmitten dieser vielen Anzüge. Geschieht mir ganz Recht, sagen Sie?

Der junge Mann hat doch schließlich nett und freundlich gefragt, ob er mir helfen kann. Wenn ich dann so reagiere, bin ich doch selber schuld?

Das mag sein. Es gibt mit Sicherheit auch Kunden, die es nicht anders verdient haben, aber zu denen kommen wir später noch. Erst mal zurück zu dem Verkäufer.

Ich habe mich eine Weile umgesehen und ging dann zu diesem Verkäufer und sprach ihn an:

„Entschuldigen Sie, haben Sie dieses Modell auch in Größe 106?"

Was glauben Sie, war seine Antwort?

„Wenn es dort nicht mehr hängt, dann wohl nicht."

Paff, das hatte gesessen. Was für eine blöde Frage von mir. Das hätte ich doch sehen müssen.

„Da Sie sich hier ja besser auskennen, vielleicht gibt es ein vergleichbares Modell, von einem anderen Hersteller, in meiner Größe, das Sie mir empfehlen können?"

„Da muss ich mal schauen, ich glaube aber nicht."

Um das Ganze etwas abzukürzen. Er hatte nichts für mich und ich habe letztendlich auch nichts dort gekauft.

Haben Sie solche Erfahrungen auch schon gemacht?

Wie hätten Sie an meiner Stelle reagiert?

Hatte der Verkäufer in irgendeiner Art und Weise ein aufrichtiges und ehrliches Interesse daran, meine Bedürfnisse zu erfahren? Nein. Man hatte das Gefühl, er macht Dienst nach Vorschrift. Wenn dann mal ein Kunde stört, dann wird der eben abgefertigt. Und wenn dann noch einer wie ich kommt, na dann haben wir ja gerade gesehen, wie es dann läuft.

Ich habe mich gefragt, ob es das sein kann? Sind alle Verkäufer so?

Nein, mit Sicherheit nicht. Die nächste Erfahrung war schon etwas anders.

Ein paar Tage später habe ich einen neuen Versuch in einem anderen Bekleidungshaus gestartet. In der entsprechenden Abteilung kam eine junge Frau auf mich zu und sagte folgendes:

„Guten Tag. Wie kann ich Ihnen behilflich sein?"

„Guten Tag. Ich bin auf der Suche nach einem dunkelgrauen Anzug."

„Da haben wir natürlich sehr viele Modelle. Damit ich Ihnen konkret weiterhelfen kann, bräuchte ich von Ihnen noch einige Informationen."

„Welchen Stil haben Sie sich vorgestellt?"...

„Zu welchem Anlass brauchen Sie diesen Anzug?"...

„Welche besonderen Wünsche haben Sie?"...

Daraufhin bekam sie von mir Informationen, die die Suche ihrerseits eingrenzten und sie zeigte mir drei verschiedene Modelle.

Sie fragen sich, warum gerade drei? War das Zufall? Nein. In der Ausbildung lernen die Verkäufer, dem Kunden immer drei Modelle mit drei verschiedenen Preisen anzubieten. Wenn alle drei gefallen, greift der Kunde meistens bei dem mittleren Modell zu.

Was ich in dem Fall nicht getan habe, weil mir alle drei nicht so recht gefallen haben. Aber das ist ja mein Problem. Ich bin nun mal auch ein schwieriger Kunde.

Wie es weiter ging? Ich habe mich für die freundliche und sehr kompetente Beratung bedankt und ihr gesagt, dass ich gern noch mal wiederkomme, um mich in Zukunft über neue Produkte zu informieren.

Was lernen wir aus diesen zwei Situationen?

Ein Verkäufer legt mit den ersten Worten, die er zu seinem Kunden sagt, den Grundstein für das weitere Gespräch. Wie sagt man so schön?

FÜR DEN ERSTEN EINDRUCK GIBT ES KEINE ZWEITE CHANCE! (Dazu zählt übrigens auch die Kleidung.)

Der erste Verkäufer hat mit seiner abgedroschen Frage, <u>kann ich Ihnen weiterhelfen</u>, nicht gerade für Begeisterungsstürme bei mir gesorgt, im Sinne von:

Hurra, endlich mal einer, der sich aufrichtig für mich interessiert. Sondern ganz im Gegenteil. Ich hatte eher das Gefühl, dass ich ein Objekt bin, das mal eben abgefertigt werden muss.

Die zweite Verkäuferin hat jetzt auch nicht unbedingt für Jubelstürme bei mir gesorgt, wir reden hier übrigens nur vom fachlichen Umgang miteinander. Aber Sie hat durch mehrere gezielte offene Fragen dafür gesorgt, dass ich gern Informationen gegeben habe und mich wohl gefühlt habe.

Auch wenn ich nachher nichts gekauft habe, war es für mich ein angenehmes Erlebnis.

Wenn ich in das erste Geschäft wieder mal hinein gehe, dann sagt mir mein Unterbewusstsein direkt: Hoffentlich ist der Verkäufer vom letzten Mal nicht da.

Wir sehen also anhand dieser zwei Feldversuche, wie unterschiedlich die Herangehensweisen der einzelnen Menschen sind.

War der erste Verkäufer ein Egoist? Bin ich vielleicht der viel größere Egoist, weil ich bestimmte Erwartungen habe?

Oder ist die zweite Verkäuferin möglicherweise auch eine Egoistin, weil sie mich so „behandelt" hat, dass ich ja beinahe etwas gekauft hätte und somit ihr Ziel erreicht gewesen wäre?

Vielleicht geht es diesen Menschen gar nicht darum, egoistisch zu sein. Und es ist in dem Moment auch nicht wichtig, zu bewerten, ob jemand egoistisch ist oder nicht.

Die Frage ist immer, wie wirkt mein Gegenüber mit seinen ganzen Art und Weise auf mich? Welchen Eindruck hinterlässt er? Welches Gefühl löst er oder sie in mir aus?

Wobei mir da gerade noch ein passendes Beispiel zu einfällt.

Ich ging vor kurzem zu dem Autohändler meines Vertrauens, bei dem ich schon seit längerer Zeit Kunde bin. Der damalige Verkäufer war mittlerweile zum Verkaufsleiter aufgestiegen, so dass er mich an einen jungen Verkäufer, seinen Nachfolger, weiterleitete.

Vielleicht als Information für Sie. Wir befinden uns in einem Autohaus der gehoben Art. Sportwagensegment. Gehobene Klientel.

Als mich dieser junge Verkäufer empfing hatte ich sofort ein Déjà-vu. Sehr modische Frisur. Sehr modischer dunkelblauer Nadelstreifenanzug. Also ähnlich wie bei unserem Anzugverkäufer, alles sehr eng geschnitten. Einstecktuch. Und hellbraune Schuhe.

Mein spontanes Gefühl. Sind wir hier in Italien? Gibt es gleich noch einen Cocktailempfang? Haben wir schon abends 20.00 Uhr?

Okay, man muss dazu sagen, er war auch noch Südländer. Aber wir sind, nur zur Erinnerung, in einem seriösen Autohaus.

Jetzt höre ich schon wieder den einen oder anderen sagen: *„Seien Sie doch nicht so spießig."* Ein bisschen Mode darf doch wohl sein.

Da haben Sie Recht. Ein bisschen ja. Das Problem an der ganzen Sache ist allerdings mein Unterbewusstsein. Das hat nämlich schon wieder die ersten negativen Impulse bekommen. Und wartet jetzt automatisch auf weitere negative Impulse.

Okay, habe ich mir gesagt, schieb deine Vorurteile bei Seite. Hör dir mal an, was er dir anbieten kann.

Das habe ich dann auch getan. Viel zugehört. Was es alles für neue Modelle gibt. Welche Ausstattung diese haben. Welche Extras es gibt.

Aber halt. Läuft da nicht irgendetwas falsch? Wer sollte wem zuhören? Wer sollte wem Fragen stellen?

Ach ja, eigentlich sollte der Verkäufer mir Fragen stellen und danach zuhören und schweigen. Aber nein, er redete und redete. Wir saßen über eine halbe Stunde an seinem Schreibtisch. Obwohl der ganze Showroom voller Autos stand. Neue Modelle. Jahreswagen.

Alle Farben und alle möglichen Ausstattungen. Bis mir irgendwann die ganze Sache zu bunt wurde und ich dann von mir aus sagte:

„Was ist denn eigentlich mit den Modellen hier im Hause? Können Sie mir einen davon anbieten?"

Er guckte mich ganz entgeistert an und sagte:

„Da komme ich gleich zu. Ich möchte Ihnen erst mal die neuesten Prospekte zeigen, damit Sie alle technischen Eigenschaften auch verstehen."

Ach so, dumm bin ich also auch noch. Nicht nur übereifrig, weil ich mir ein Auto angucken will, sondern auch noch zu unfähig, die neuesten technischen Spielereien zu verstehen.

Okay, so hat er das natürlich nicht gesagt. Aber mein Unterbewusstsein hat das so verstanden.

Als wir nach weiteren 15 Minuten dann endlich zu einem Wagen gingen, fing er wieder an, seine auswendig gelernten Texte runterzurasseln.

Ich stand neben dem Fahrzeug, schaute mir das Auto an, sah den Verkäufer und dachte nur:

Wann hört der endlich auf zu reden? Wann kann ich mich mal hineinsetzen?

Ich war dann so dreist und wollte die Tür dieses Fahrzeugs öffnen. Ging aber nicht. War verschlossen. Auf meine Frage, ob ich mich denn mal hineinsetzen könne, antwortete er:

„Ich habe gerade keinen Schlüssel, den muss ich mir vom Chef holen."

Wie würden Sie an meiner Stelle jetzt reagieren?

Das Autohaus verlassen? Habe ich kurz drüber nachgedacht.

Meine Reaktion:

„Dann holen Sie bitte den Schlüssel, damit ich mich mal hineinsetzen kann."

Er kam dann recht schnell wieder. Hatte den Schlüssel grinsend in der Hand. Er freute sich über den Schlüssel anscheinend mehr, als über mich als Kunden.

Ich bin aber auch wieder ein schwieriger Kunde. Jetzt meint er es doch nur gut. Will mich umfassend informieren. Und was mache ich?

Ich bin mal wieder mit allem unzufrieden.

Vielleicht hätte es ihm etwas gebracht, wenn er gewusst hätte, was ich beruflich mache. Aber Sie glauben doch nicht, dass er mich danach gefragt hätte. Also grundsätzlich hat er mich gar nichts gefragt. Absolut nichts. Ach doch. Ob ich einen Kaffee oder ein Wasser trinken möchte. Das schon. Na der Wahnsinn.

Irgendwann durfte ich mich dann hineinsetzen. Er setzte sich auf die Beifahrerseite und fing an, mir das Navigationssystem und andere technische Dinge zu erklären. Er redete und redete.

Kennen Sie solche Verkäufer auch? Sind das die angesprochenen, typischen Egoisten?

Die, die sich am liebsten selbst reden hören. Die einen förmlich totquatschen.

Wie sind wir dann auseinander gegangen?

Mit der Aussage von mir:

„Ich muss mal über alles nachdenken. Ich melde mich dann bei Ihnen."

Ein paar Tage später sprach ich mit meinem besten Freund über diese Situation, (Ja genau, nicht mit meiner Frau. Sie ist für das Thema Autokauf nicht unbedingt sehr aufgeschlossen, um es mal freundlich zu formulieren.) schilderte ihm was passiert ist, so dass er sagte:

„Das kommt mir irgendwie bekannt vor. War das ein Herr...?" (Ja)

„Den kenne ich. Bei dem war ich vor 2 Monaten auch und habe mich nach einem neuen Fahrzeug informiert."

„Er wollte mir noch Unterlagen zuschicken. Hat er bis heute nicht getan."

Was wirft das für ein Licht auf diese Firma?

Eine Automobilfirma, die hochwertige Autos im 6stelligen Eurobereich verkauft.

Was soll man davon halten? Wieso sind die Verkäufer nicht besser geschult?

Warum arbeiten die eigentlich nicht mit mir als Trainer zusammen? Dann wäre so etwas nicht passiert. Klingt vermessen? Nein, nur selbstbewusst. Ich weiß ja, welchen wertvollen Nutzen unser Training bringt.

Aber gut, das ist ein anderes Thema.

Um das Ganze abzuschließen. Wie bin ich mit dieser ganzen Situation umgegangen?

Ich habe mich an den Verkaufsleiter gewendet, also an meinen ehemaligen Ansprechpartner und habe ihn um ein Gespräch gebeten.

Keine Angst, ich habe den jungen Verkäufer nicht in die Pfanne gehauen. Meine Argumentation ging dahin, dass er mich und meine Wünsche ja am besten kennt und ich deshalb vielleicht direkt mit ihm reden sollte. Was er auch machte.

Er fragte nach meinen Wünschen. Fragte, ob er mir ein Angebot für mein jetziges Auto machen solle und lud mich ein, um mir ein paar Fahrzeuge zu präsentieren.

Wir trafen uns vor Ort. Er hatte alles schon vorbereitet. Angebot für mein Fahrzeug. Drei Modelle für mich ausgesucht, machte beim ersten Modell die Tür auf und sagte:

„Setzen Sie sich einfach mal rein. Lassen Sie alles auf sich wirken."

Was ich dann auch tat. Das gleiche machten wir mit den anderen Modellen. Meine Entscheidung fiel dann auf ein Fahrzeug. Er bot mir an, eine Probefahrt zu machen und wir machten im Anschluss das Geschäft.

Jetzt hört sich das vielleicht etwas einfach und simpel an, aber genauso ist Verkaufen manchmal. Einfach und simpel. Wenn der gute Verkäufer beim Kunden die „richtigen Knöpfe" drückt, dann kann das sehr schnell ein sehr erfolgreiches Gespräch, bzw. ein erfolgreicher Abschluss werden.

Warum ist das manchmal so einfach und warum war es in diesem konkreten Fall so simpel?

Weil der Verkäufer die klassischen Werkzeuge des Verkaufens angewendet hat:

Ein Bild sagt mehr als 1000 Worte

(Das Auto einfach für sich selbst sprechen lassen.)

Die 5 Sinne des Kunden aktivieren

(Sehen, Hören, Riechen, Schmecken, Fühlen.)

Gezielt offene Fragen stellen und aktiv zuhören

(Sich ganz in die Lage des Kunden versetzen.)

Macht des Schweigens

(Ruhe, der Wirkung wegen.)

Das Wohl des Kunden

(Was ist für ihn das wichtigste?)

Vorstellungen bestimmen unser Verhalten

(Das Fahren mit dem Wagen löst beim Kunden Emotionen aus.)

Jetzt haben wir ja einige Beispiele aus dem Verkauf erlebt. Warum ist das für uns Menschen generell so passend?

Müssen wir uns nicht auch jeden Tag verkaufen? Auch wenn wir vielleicht keine klassischen Verkäufer sind, müssen wir uns nicht jeden Tag unserer Familie, unseren Freunden und Kollegen verkaufen?

Nicht zu vergessen unserem Chef. Auch dem gegenüber müssen wir uns doch immer wieder aufs Neue verkaufen. Deshalb natürlich auch hier die Frage: Egoist sein oder nicht? Beziehungsweise die Frage: Wie kann ich mich denn am besten meinen Mitmenschen verkaufen?

Und auch hier bitte nochmal der Hinweis, es geht nicht darum, sich bei irgendwem anzubiedern oder irgendwem hinten rein zu kriechen. Das ist damit nicht gemeint. Was sich dahinter verbirgt, ist im Grunde genommen ganz einfach.

Bin ich der Egoist, der Einzelkämpfer?

Der nur an sich denkt und im Privaten und Beruflichen über Leichen geht?

Oder bin ich der Mensch, der sich offen und ehrlich für andere interessiert? Der nachfragt, zuhört, mitfühlt und Anteil nimmt?

Wer möchten Sie gern sein? Und wer sind Sie aktuell?

Wir sind ja immer noch bei dem Thema, sich selbst mal den Spiegel vorzuhalten. Apropos Spiegel vorhalten. Da fällt mir gerade noch ein weiteres praxisnahes Beispiel ein.

Ich weiß zwar nicht, wieso ich gerade bei dem Stichwort Spiegel darauf komme, aber es ist es auf jeden Fall wert, erwähnt zu werden.

Worum geht es? Makler. Speziell Immobilienmakler.

Waren Sie schon einmal Kunde eines Immobilienmaklers?

Auch hier gibt es gute und weniger gute, um es mal höflich auszudrücken. Wenn Sie in der letzten Zeit nicht mit solchen Maklern zu tun hatten, haben Sie vielleicht im TV diese Sendungen gesehen, in denen Menschen ein neues zu Hause suchen?

Sind das überhaupt alles echte Makler? Wenn ja, machen sie es der Branche nicht gerade leichter.

Das, was man dort im Fernsehen sieht, kann man auch in der echten Welt erleben. Folgende Situation:

Wir möchten für uns und unsere Familie eine neue Wohnung suchen. Wir beauftragen einen Makler. Geben ihm die nötigen Informationen und hoffen auf interessante Wohnungen.

Wenn wir einen guten Makler erwischt haben, dann funktioniert das auch. Dann bekommen wir entsprechend unserer Wünsche einige Angebote.

Wenn wir einen weniger guten Makler kontaktiert haben, dann wird es allein dort schon schwierig. Entweder bekommen wir gar keine passenden Angebote oder wir erhalten völlig unpassende Exposees und Besichtigungen.

Wir sprachen ja gerade über Emotionen. Wieso schaffen es die meisten Makler nicht, Emotionen zu wecken?

Wir, als Interessent, werden vor der Wohnung empfangen. Mit dem Eintreten in das Treppenhaus fängt der Makler an zu reden. Er erzählt schon mal auf dem Weg zur Wohnung wie viele Zimmer, ob da ein Keller ist, was so für Leute im Haus wohnen.

An der Wohnungstür angekommen, haben wir davon mindestens die Hälfte schon wieder vergessen.

Wenn es dann in die Wohnung hinein geht, kommt der nächste Schwall von Informationen.

„Hier haben wir den Flur, dort ist das Bad und hier vorn ist das Wohnzimmer. Das kann man wunderbar einrichten, um es sich hier gemütlich zu machen."

Ach nein. Das ist also ein Flur. Das ist das Bad. Aha und ein Wohnzimmer kann man sich gemütlich einrichten. Echt? Hätte ich nicht gedacht.

Kann man, muss man aber nicht. Vielleicht mag ich es ja eher kühl und karg.

Und so geht das in der ganzen Wohnung weiter. Was interessiert Sie eigentlich davon, von diesem ganzen Müll, den der Kerl da gerade redet?

Nichts? Dann geht es Ihnen so wie mir.

Wir haben doch zwei gesunde Augen und so viel Vorstellungsvermögen, dass wir gut und gern allein in der Lage sind, uns ein Bild von der Wohnung zu machen.

Warum schließt der Makler nicht einfach die Wohnungstür auf, bittet uns herein und sagt:

„Schauen, Sie sich bitte in Ruhe um. Machen Sie sich einen Eindruck von der Wohnung und wenn Sie Fragen haben, stehe ich Ihnen im Anschluss gern zur Verfügung."

So können wir, als Interessenten, jetzt ganz gemütlich die Wohnung besichtigen, ohne dass wir die ganze Zeit voll gequatscht werden.

Danach kommt der gute Makler und fragt:

„Wenn Sie die ganze Wohnung jetzt so einmal betrachten, welche Möglichkeiten sehen Sie, um sich hier wohlzufühlen?"

„Was stellen Sie sich vor, wie Sie die unterschiedlichen Räume nutzen können?"

Jetzt sind wir nämlich wieder dran. Wir müssen uns öffnen, unsere Gefühle transportieren. Wir verkaufen uns die Wohnung in dem Moment doch selber.

Der gute Makler kann zuhören und beobachten was wir sagen und wie wir es sagen. Daraus entwickelt sich dann seine weitere Vorgehensweise. Der gute Makler ist alles andere als ein Egoist. Natürlich will er eine Wohnung vermieten oder verkaufen, denn davon lebt er ja. Aber welcher Weg ist denn hier der einfachere und für beide Seiten angenehmere?

Sie merken, wir befinden uns schon längere Zeit in dem Bereich des Verkaufens. Liegt natürlich an meiner eigentlichen Aufgabe.

Aber genau da gibt es neben den ganzen anderen Beispielen, so viele verschiedene Situationen, die uns ganz klar aufzeigen, wo der Egoist gerade wieder aktiv ist.

Passend dazu hatte ich mal einen Teilnehmer im Training, der sagte folgendes:

„Wieso soll ich meinem Kunden das alles noch einmal erklären, wenn ich es doch schon bei ersten Gespräch gemacht habe?"

Wie bitte? Das darf doch wohl nicht Ihr Ernst sein? Sie wollen mich jetzt aber auf den Arm nehmen?

Wir reden hier über einen langjährigen Verkäufer. 15 Jahre im Geschäft. Und dann kommt der mit solch einer Aussage. Das ist doch der Hammer, oder?

Gott sei Dank brauchte ich gar nicht viel dazu zu sagen, weil die Kollegen aus der Runde das übernommen haben. Die waren nämlich genauso entsetzt, wie ich.

Aber wenn wir solche Aussagen hören, müssen wir uns über die Servicewüste Deutschland nicht weiter wundern. Auf der anderen Seite ist es für mich als Trainer gut, dass es diese Menschen gibt, denn dann habe ich mit meinen Trainings immer noch so einiges zu tun. So viel wieder zum eigenen Egoismus.

Haben Sie Lust auf ein weiteres Beispiel? Es hat jetzt auch erst mal nichts mit dem Verkaufen zu tun.

Gehen Egoisten eigentlich glücklich durchs Leben? Gehen die weniger egoistisch denkenden Menschen vielleicht glücklicher durchs Leben?

Kann man das so einfach beantworten?

Lassen Sie uns diesem Thema einmal ganz anders nähern.

Welches ist die <u>wichtigste</u> Frage, die Sie sich morgens stellen, wenn Sie aus dem Haus gehen?

Wie wird das Wetter heute? Nein, die meinte ich nicht.

Was gibt es heute Mittag zu essen? Die meinte ich auch nicht.

Werde ich heute erfolgreich sein? Gute Frage, aber die meinte ich auch nicht.

Welche Frage sollten wir uns jeden Tag stellen, bevor wir morgens aus dem Haus gehen?

WARUM FREUE ICH MICH?

Ist das nicht eine wichtige Frage?

Denn wie sieht denn unser Alltag aus?

Wir werden morgens durch unseren Radiowecker geweckt, was hören wir in den Nachrichten? Schlechte Nachrichten, Mord und Todschlag. Wir schauen beim Frühstück kurz in die Zeitung oder ins Internet, was sehen wir? Schlechte Nachrichten, Mord und Todschlag. Wir gehen ins Bad, gucken in den Spiegel, was sehen wir? Mord und Todschlag. Ganz nach dem Motto: Ich kenne dich nicht, aber ich wasche dich trotzdem!

Dann ruft vielleicht noch unser Chef bei uns an und spricht mit uns über irgendetwas, was nicht so gut gelaufen ist, aber man erwartet trotzdem von uns, dass wir hochmotiviert aus dem Haus gehen. Unsere Familie, unsere Freunde, unsere Kollegen und unsere Kunden zu Höchstleistungen motivieren.

Das erwartet man von uns. Da das aber nicht immer so einfach ist, würde ich mit Ihnen gern eine Übung machen. Haben Sie Lust?

Na klar haben Sie Lust!

Sie müssten allerdings dazu das Buch gleich für ein paar Minuten aus der Hand legen. Schaffen Sie das? Damit hätten Sie jetzt wahrscheinlich nicht gerechnet, dass Sie auch noch arbeiten sollen. Sie wollten doch nur ein gutes Buch lesen.

Der Erfolg kommt leider nicht durchs Lesen allein!

Dann machen Sie bitte folgendes:

Nehmen Sie ein großes Blatt Papier zur Hand und schreiben oben als große Überschrift:

WARUM FREUE ICH MICH?

Danach schreiben Sie bitte <u>drei</u> Gründe auf, warum Sie sich freuen. Und zwar heute hier und jetzt, an diesem Tage. Also nichts was in der Ferne oder in der Zukunft liegt. Denn das wäre ja die Frage <u>worauf</u> freue ich mich. Wir wollen aber die Übung machen, <u>warum</u> freue ich mich.

Auf geht's. Buch aus der Hand legen. Drei Gründe notieren. Zeit, max. 3 Minuten….

Entschuldigung! Nicht weiterlesen! Erst mal schreiben! Machen Sie es nicht nur mündlich, bitte notieren.

So, die Zeit ist rum. Haben Sie es geschafft, dort problemlos drei Gründe zu notieren? Dann herzlichen Glückwunsch. Sie haben es nicht geschafft?

Sie würden lieber drei Gründe aufschreiben, was Sie alles stört? Das ist ein anderes Thema, mit dem wir uns auch noch beschäftigen werden.

Also, welche Punkte haben Sie denn nun notiert?

Sie freuen sich, dass Sie einen Job haben? Prima.

Sie freuen sich, dass das Wetter schön ist? Warum nicht.

Sie freuen sich, dass Sie Ihre Kinder gleich sehen werden? Ein toller Grund.

Sie freuen sich, dass Sie Gesund sind? Ein ganz wichtiger Grund. Gerade dieser wird leider oftmals vernachlässigt. Denn, wenn wir nicht gesund sind, bringen uns alle anderen Gründe auch nichts. Deshalb freuen Sie sich bitte jeden Tag, wenn es Ihnen gut geht.

Sie merken sicher, worauf ich hinaus möchte. Es kann alles um uns herum noch so schlecht sein, es gibt immer Gründe sich zu freuen. Manchmal ist es vielleicht etwas schwieriger oder es dauert etwas länger sie zu finden, aber es gibt sie. Wir müssen sie uns nur bewusst machen. Denn je bewusster, das heißt, auch konkreter wir damit umgehen, desto leichter fällt es uns, in negativen Situationen nicht gleich zu verzweifeln, sondern zu versuchen, auch dann noch das Positive daran zu entdecken.

Das hört sich in der Theorie alles leicht an, ist aber in der Praxis manchmal gar nicht so einfach. Deshalb habe ich eine Bitte an Sie. Wobei, es ist eigentlich mehr eine Aufforderung zur Tat:

Wenn Sie morgen früh wach werden, schlagen Sie als aller erstes die Augen auf, stellen sich dann sofort die Frage:

WARUM FREUE ICH MICH?

Geben sich drei Antworten, die Sie motivieren, die Sie beflügeln und stehen erst dann auf.

Wenn Sie keine Gründe gefunden haben, dann bleiben Sie am besten liegen und schlafen weiter. Denn was soll dann an diesem Tag schon erfolgreiches passieren?

Wenn Sie morgens schon in der Lage sind zu schreiben, dann können Sie gern die Punkte auch aufschreiben. Das wäre für die Nachhaltigkeit sogar noch besser.

Die Königsdisziplin dieser Übung wäre dann, über mehrere Tage diese Übung zu machen und jeden Tag drei neue Gründe zu finden. Vielleicht gelingt Ihnen das ja auch problemlos.

Ich wünsche Ihnen damit schon einmal viel Erfolg und viel Freude.

Die wichtige und entscheidende Frage, die aus dieser Übung resultiert ist diese:

Wie will ich andere Menschen motivieren, wenn ich selbst nicht motiviert bin, d.h. keinen Grund gefunden habe mich zu freuen?

Wie will ich meine Kunden begeistern und veranlassen mit mir Geschäfte zu machen?

Wie will ich meine Familie und Freunde dazu bewegen mit mir etwas zu unternehmen, wenn ich selbst nicht motiviert bin? Wie soll das funktionieren?

Verstehen Sie mich bitte nicht falsch. Es geht hier nicht um das Thema „Tschakka Tschakka". Im Sinne von, wir springen alle auf die Stühle, schreien irgendetwas in den Raum und sind motiviert. Nein. Darum geht es nicht.

Es geht darum, sich selbst auf eine seriöse Art und Weise positiv einzustimmen, dieses nach außen zu transportieren und dadurch auch andere Menschen zu motivieren und mitzureißen.

Aber ob das unsere „Freunde", die Egoisten schaffen? Ich weiß es nicht. Sie schaffen das mit Sicherheit.

Also, falls Sie doch einfach weitergelesen haben, machen Sie bitte diese Übung genau wie angesprochen.

Sie werden überrascht sein, wie schwer oder leicht Ihnen das fällt und welchen Effekt diese Übung auch langfristig haben wird.

Wo wir gerade bei dem Thema Freude sind. Also auch generell die positive Einstellung. Da fällt mir doch noch ein Erlebnis ein, welches ich vor einiger Zeit mit meiner Frau hatte. Nein, nicht was Sie jetzt schon wieder denken. Wir waren gemeinsam unterwegs, um uns nach einer neuen Küche umzuschauen.

Ich war also zusammen mit meiner Frau, auf der Suche nach einer neuen Küche. Was macht man?

Man fährt in die ortsansässigen Küchenstudios oder Möbelhäuser und lässt sich beraten. Wobei auch hier beraten nicht gleich beraten ist.

Wie sind Ihre Erfahrungen mit Möbelhäusern und deren Verkäufern?

Ganz unterschiedlich? Geht mir auch so. Fangen wir mit einem Beispiel an, welches nicht in irgendwelchen Schulungsunterlagen auftauchen wird. Warum?

Wir gingen in das erste Küchenstudio mit gewissen Vorstellungen, was wir haben wollten. Kamen herein und schauten uns erst mal um. Viele Küchen, viele Eindrücke. Es war weit und breit kein Verkäufer zu sehen. Na gut, kann passieren.

Schauen wir uns also weiter um. Es gibt ja genug zu sehen.

Man muss vielleicht dazu sagen, es war Freitagnachmittag, so gegen 17.00 Uhr. Nachdem wir uns ein Bild von den verschiedensten Küchen gemacht hatten, suchten wir einen Verkäufer.

Wir fanden ihn in einer kleinen Ecke, hinter seinem Schreibtisch.

„Guten Tag, können Sie uns weiterhelfen?"

„Worum geht's?"

Sie lesen richtig. Kein *„Guten Tag"*. Kein *„Sehr gern, was kann ich für Sie tun?"*

Sein Gesicht sprach Bände. Er freute sich unheimlich, dass wir ihn belästigten. Er hatte wahrscheinlich gerade wichtigeres zu tun. Wir sind ja nur Kunden, die eventuell etwas kaufen wollen. Wir wollen Umsatz machen. Geld ausgeben. Er war gedanklich vielleicht schon im Feierabend. Da kommen ihm diese störenden Kunden gerade recht.

<u>Achtung, Kunde droht mit Auftrag!</u>

Oh Gott, lieber nicht. Das ist ja mit Arbeit verbunden.

Jeder, der schon mal eine neue Küche gekauft hat weiß, dass das mit großem Aufwand verbunden ist.

Welche Maße? Welche Farbe? Welche Geräte? Usw., usw.

Uns war das im Vorfeld klar. Ihm wahrscheinlich auch. Deshalb seine „Begeisterungsstürme".

Wir haben ihm dann trotzdem geschildert, was wir uns vorgestellt haben. Er hörte gelangweilt zu, stellte keine Fragen und sagte:

„Da haben wir hier einen Prospekt, da können Sie sich alles zusammenstellen."

Meine Frau sah mich an und ich wusste sofort, was ihr durch den Kopf ging. Ich habe dann nur gesagt:

„Danke, dann machen wir das." Und sind gegangen. Ja genau, ohne *„Auf Wiedersehen"* zu sagen.

Im Auto haben wir uns gefragt, was da gerade passiert war? Waren wir irgendwie unfreundlich oder aufdringlich? Haben wir zu viel gewollt?

Haben Sie so etwas ähnliches auch schon mal erlebt?

Am liebsten würde man doch noch mal reingehen und diesen Verkäufer, obwohl Verkäufer können wir ihn gar nicht nennen, fragen ob er sein Verhalten angemessen findet? Er ist ja schließlich dazu da, um zu beraten und Küchen zu verkaufen. Haben wir aber nicht gemacht.

Wir haben uns die ganze Strecke bis zum nächsten Möbelhaus geärgert und sind mit dieser negativen Stimmung in das nächste Geschäft hineingegangen.

Eigentlich müsste man der Geschäftsleitung mal einen Brief schreiben, ob es deren Ziel ist, die Kunden auf diese Art und Weise zu vergraulen. Denn das kann ja nicht im Sinne eines Unternehmens oder eines Geschäftsführers sein, dass potentielle Kunden so behandelt werden.

Widmen wir uns aber erst mal dem nächsten Geschäft und dem nächsten Verkäufer.

Wie gesagt, unsere Stimmung und die damit verbundene Erwartungshaltung waren nicht gerade positiv.

Wir gingen in die Küchenabteilung und hatten auch hier erst mal die Möglichkeit uns umzusehen. Es war auch hier kein Verkäufer in Sicht. Vielleicht ist das in solchen Möbelhäusern so üblich.

Auf der anderen Seite ist es auch ganz angenehm, sich erst mal in Ruhe einen Überblick zu verschaffen. Jeder hat da so seine eigene Vorliebe.

Nach einer kurzen Zeit entdeckten wir einen Verkäufer und sprachen ihn an.

„Guten Tag. Wir bräuchten eine Beratung für eine neue Küche."

Reaktion des Verkäufers:

"Guten Tag, ich bin sofort bei Ihnen. Ich muss nur noch kurz was klären, nehmen Sie doch bitte schon mal Platz."

Das hört sich doch schon mal ganz anders an, als vorhin. Okay, er war nicht sofort für uns da. Aber wir können ja auch nicht erwarten, dass jemand alles stehen und liegen lässt, wenn wir auf der Matte stehen. Wir sind ja keine Egoisten. Nach ein paar Minuten war er wieder da.

"Wie kann ich Ihnen denn konkret weiterhelfen?"

Jetzt hatte ich Pause, denn meine Frau übernahm die Ausführungen dessen, was wir uns vorgestellt hatten. Was machte der Verkäufer?

Er hörte zu und machte sich ausführliche Notizen. Stellte kurze Zwischenfragen, wie zum Beispiel:

"Welches Obermaterial wir uns wünschen? Wie die Arbeitsplatte gestaltet werden soll?" Usw., usw.

Ich saß da und beobachtete das ganze Geschehen. Nachdem die Einzelheiten grob geklärt waren, bat er uns, mitzukommen, da er uns einige Ausstellungstücke zeigen wollte. Gesagt, getan. Wir sahen uns einiges an, stellten Fragen. Er stellte Fragen und so ging das eine ganze Weile weiter.

Diejenigen unter Ihnen, die auch schon mal eine neue Küche gekauft haben, wissen sehr gut, dass das nicht mit einem Gespräch erledigt ist.

Aber die Basis war gelegt und wir haben uns nach weiteren Gesprächen auch für eine Küche aus diesem Haus, das heißt von diesem Verkäufer entschieden.

Was war anders, als beim ersten Verkäufer?

Einfach alles. Vielleicht hatten wir Glück, kann sein. Wir fühlten uns wohl. Wir hatten den Eindruck, der Verkäufer versteht sein Handwerk. Er wirkte nicht aufdringlich. Er wollte uns nicht unbedingt etwas verkaufen. Er hörte zu, stellte viele Fragen. Es hat rundherum alles gepasst. Er war kein Egoist.

So sollte doch ein Verkaufserlebnis im positiven Sinne sein, oder?

Was können wir aus diesen beiden Situationen mitnehmen?

Von dem ersten Verkäufer, wie man es nicht macht. Von dem zweiten Verkäufer, ähnlich wie bei der Kollegin aus der Anzugabteilung, wie es besser geht. Wir reden hier noch nicht von perfekt, aber es war schon recht gut.

Obwohl die Frage erlaubt sein sollte, ob es den perfekten Verkäufer überhaupt gibt?

Jeder Tag ist anders. Jeder Kunde ist anders. Das eigene empfinden ist von Tag zu Tag unterschiedlich. Wir wollen, doch auch gar keine perfekten Menschen sein, oder? Das wäre doch auch langweilig. Wir wären ja dann wie ein Roboter. Und das wirkt auf den Kunden auch sehr schnell aufgesetzt und ermüdend. Und so lange Menschen die Aufgabe des Verkaufens übernehmen und das wird hoffentlich noch sehr sehr lange der Fall sein, so lange werden auch Fehler gemacht. Und das ist auf der anderen Seite auch gut so. Denn aus Fehlern kann man lernen.

Wenn man bereit ist, sich diese auch einzugestehen.

Natürlich kommt es immer noch auf die richtige, innere Einstellung an. Die hat hier beim zweiten Kollegen gestimmt. Aber hier war noch mehr zu sehen.

Dieser Mensch hatte ehrlich und aufrichtig Interesse daran, von uns zu erfahren, was wir für Wünsche hatten. Wir haben das vorhin schon mal angesprochen. Er hat zugehört und viele Fragen gestellt. Er war in erster Linie an uns interessiert. Seine Provision hat er vielleicht auch im Hinterkopf, das mag sein. Gespürt haben wir das aber nicht.

Menschen, also Egoisten, oder so genannte Verkäufer, bei denen wir das ganz schnell spüren, dass sie uns nur etwas verkaufen wollen, bzw. dass sie nur ihr eigenes Ziel vor Augen haben, die kennen wir alle zur Genüge.

An wen denke ich gerade? Telefonverkäufer!

Gott sein Dank gibt es die ja nicht mehr in dem Maße, wie es sie früher gab, aber sie tauchen immer mal wieder auf.

Wenn Sie irgendwo Kunde sind und sie haben eingewilligt, dass man Sie über Neuheiten informieren darf, dann klingelt schon ab und an das Telefon.

Ansonsten tarnen sich diese Telefonverkäufer unter dem Mantel der Umfrage. *„Wie sind vom Meinungsforschungsinstitut XY und wir haben da mal ein paar Fragen..."*

Denn erlaubt ist das Verkaufen am Telefon bei Privatpersonen nicht mehr. Worauf wollte ich eigentlich hinaus?

Ach ja, auf den Egoisten des Tages, denjenigen, der den Vogel abgeschossen hat. Genau den hatte ich vor kurzem am Telefon. Ein Erlebnis, welches ich so schnell nicht vergessen werde.

Er rief mich an, stellte sich vor und sagte mir, dass er sich im Internet informiert hat, wer ich denn sei und was ich beruflich mache. Hintergrund für Sie. Er war ein neuer Mitarbeiter bei der Versicherung, bei der ich schon seit vielen Jahren Kunde bin.

Seine Aussage war sinngemäß:

„Das ist ja ein sehr interessanter Beruf, Trainer im Bereich Management und Verkaufstraining. Da muss ich ja aufpassen, was ich gleich sagen werde." (Was er aber nicht getan hat.)

Meine übliche Frage in solchen Fällen:

„Worum geht es denn?"

„Ich bin Ihr neuer Berater und habe mir Ihre Daten angeschaut, also Ihre Verträge, die Sie bei uns haben. Und dabei ist mir aufgefallen, dass Ihre Berufsunfähigkeitsversicherung, kurz BUZ, sehr niedrig ist."

„Bei dem was ich auf Ihrer Homepage gesehen habe, was Sie machen, kann ich mir nicht vorstellen, dass das für Sie nicht ausreichend ist, wenn es mal zu dem Fall der Fälle kommt."

Mal abgesehen davon, dass es immer das höchste Ziel eines Verkäufers sein sollte, einen Termin zu vereinbaren und keine Verkaufsgespräche am Telefon zu führen, bekam ich gar nicht die Chance etwas dazu zu sagen. Er sagte nämlich im selben Atemzug:

„Also das, was Sie machen liest sich ja sehr interessant, aber Ihre Homepage ist ja eher altbacken!"

Autsch. Das hatte gesessen. So etwas hat, beim ersten Kontakt am Telefon, noch keiner zu mir gesagt.

Wie meine Reaktion war?

Schweigen. Noch mal überlegen, ob er das wirklich gerade gesagt hat. Und als ich gerade was dazu sagen wollte, redete er schon weiter:

„Also ich kann Ihnen folgendes Angebot machen…"

Wie würden Sie an meiner Stelle in solch einer Situation reagieren?

Das ist ja fast schon eine Beleidigung.

Vielleicht haben wir uns ja etwas dabei gedacht, die Homepage ganz klassisch zu gestalten. Vielleicht sind wir sogar stolz darauf, gegen den Strom zu schwimmen.

Er wollte mir aber unbedingt am Telefon etwas verkaufen und haut mir bildlich gesprochen erst mal eine rein.

Meine kurze und kühle Reaktion war wie folgt:

„Ich habe kein Interesse irgendetwas zu verändern. Im Gegenteil, ich denke ich werde meine Verträge bei Ihnen kündigen. Auf Wiederhören."

Als ich aufgelegt hatte, dachte ich nur: Was für ein Vollidiot. Das kann doch wohl nicht wahr sein.

Und ja, ich habe meine Verträge gekündigt. Nur eine logische Konsequenz.

Als Trainer habe ich mich dann allerdings gefragt, warum hat er so agiert?

Hat man ihm das so beigebracht? Auf irgendeinem Wald- und Wiesentraining?

Sie schmunzeln. Aber was glauben Sie, wie viele Trainer es auf dem deutschen Markt gibt?

Eine Menge. Und wie viele davon können Sie in der Pfeife rauchen? Eine Menge.

Wobei, Sie haben recht, ich kenne sie nicht alle persönlich. Aufgrund meiner über 18 jährigen Tätigkeit habe ich allerdings schon den einen oder anderen erlebt, Inhalte und Vorgehensweisen kennengelernt und auch die verschiedensten Typen von Trainern gesehen. Erschreckend, was da zu beobachten ist.

Und genau diese Menschen machen uns seriösen Trainern den Beruf so schwer.

Das können externe Trainer sein, aber auch genauso gut diese ganzen internen Trainer. Die sind manchmal zu diesem Beruf gekommen, wie die Jungfrau zum Kinde.

„Ach Herr Müller. Wir haben hier eine Stelle frei. Schulungsleiter im Bereich XY. Wäre das nicht was für Sie?"

Dass Herr Müller aus einem ganz anderen Bereich kommt und überhaupt gar keine Erfahrung hat, wie man Menschen motiviert, Ihnen etwas vermittelt oder sie zu Taten veranlasst, das spielt keine Rolle.

Hurra. Wieder einer mehr, der sich Schulungsleiter oder sonst wie schimpft. Und uns das Berufsbild kaputt macht.

Man soll nicht über andere Menschen oder die Konkurrenz herziehen? Da haben Sie vollkommen Recht. Nur ganz objektiv betrachtet: Wie viele gute oder sagen wir hervorragende Trainings haben Sie selber in den letzten Jahren erlebt?

Ach doch so viele? Dann wird es aber Zeit, dass Sie mal an unseren Trainings teilnehmen.

Schon wieder diese Eigenwerbung.

Wie sind wir überhaupt darauf gekommen?

Ach ja, der Spezialist am Telefon. Er wollte vielleicht auch nur einen Schritt weitergehen. Mal ein bisschen provozieren. Etwas anders machen, als alle anderen.

Der Gedanke für sich allein ist ja schon mal grundsätzlich nicht verkehrt. Die Umsetzung allerdings war mangelhaft. Wenn er das bei jedem Kunden so macht, wird bald der nächste Verkäufer anrufen und sich vorstellen.

Ich weiß allerdings nicht, ob das bei diesem Menschen reiner Egoismus war oder ob da auch eine Portion Überheblichkeit oder Unerfahrenheit dabei waren?

Auf der anderen Seite, ist das nicht herrlich, dass es solche Menschen gibt? Worüber sollten wir uns sonst aufregen?

Okay, wir haben gesagt, dass wir selber entscheiden, über wen oder was wir uns aufregen, aber manchmal hat man darüber einfach keine Kontrolle mehr.

Was gibt es noch für Beispiele von Egoisten? Was haben wir noch nicht angesprochen? Wahrscheinlich eine ganze Menge. Ich möchte auch gar nicht jede Kleinigkeit hervorkramen, bei der wieder ein Egoist am Werk war. Das bringt uns nicht weiter.

Wichtig ist, dass die unterschiedlichsten Typen, die unterschiedlichsten Egoisten, mal mitbekommen, was sie da veranstalten. Und wie sie anderen Menschen damit auf die Nerven gehen.

Vor ein paar Tagen kamen wir am Flughafen an. Wir mussten leider irgendwo in der Nähe des Rollfeldes aussteigen, also mit dem Bus bis zum Flughafengebäude fahren. Da waren sie schon wieder, diese Egoisten. Rein in den Bus und direkt am Eingang stehen bleiben. Bloß nicht nach hinten durchgehen. Nein, schön den Weg versperren, nur um nachher als erster wieder aussteigen zu können.

„Hey Leute, am Gepäckband treffen wir uns doch eh wieder. Oder meint ihr, dass Euer Koffer schneller rauskommt, nur weil Ihr im Bus direkt am Eingang stehen bleibt?"

Über diese Egoisten haben wir ja schon gesprochen.

Es gibt leider auch noch andere Egoisten. Die warten nämlich draußen. Die stehen da, im Ankunftsbereich und jedes Mal wenn die Tür aufgeht, dann wird der Hals verrenkt, um zu gucken, ob die Familie oder Freude auch angekommen sind. Na klar sind sie das. Wo sollen sie auch sein?

Einfach noch ein paar Tage länger im Urlaub geblieben, ohne Bescheid zu sagen?

Na gut. Dieses Verhalten ist vielleicht noch einigermaßen normal. Was aber nicht normal ist, dass wenn andere Menschen aus diesem Gepäckbandbereich herauskommen, keiner dieser wartenden Egoisten auch nur einen Zentimeter Platz macht, um uns mit dem vollen Gepäckwagen durchzulassen. Nicht einen Millimeter wird dort zur Seite gegangen. Nein, die haben Angst, dass sie nicht gesehen werden oder dass sie nichts sehen.

Was machen Sie in solchen Situationen?

Also ich fahre die Leute einfach über den Haufen.

Glauben Sie nicht? Können Sie mir ruhig glauben. Ich fahre ganz bewusst auf diese wartende Meute zu. Gucke auch dementsprechend freundlich und wenn sich nichts bewegt, halte ich einfach drauf. Da bin ich mal Egoist.

Wenn man mal so einen Kofferwagen ans Schienbein bekommen hat, dann stellt man sich bei nächsten Mal auf jeden Fall nicht mehr so egoistisch und dämlich in den Weg. Da können Sie drauf wetten.

Ähnliche Fälle gibt es ja auch bei jeder Bahn- oder Zugfahrt. Wir wollen aussteigen, andere wollen einsteigen.

Wer darf zuerst gehen? Natürlich die, die aussteigen wollen. Aber interessiert das diejenigen, die einsteigen wollen? Nein, natürlich nicht. Die wollen rein und einen Sitzplatz erwischen. Aber wehe, die wollen wieder aussteigen, dann wird alles und jeder über den Haufen gerannt. Egoisten.

Es gibt sie überall, diese Egoisten. Wo wir gerade beim Thema Fliegen, bzw. Urlaub waren. Wo treffen wir denn dort diese bestimmte Spezies?

Am Buffet. Richtig. Da tauchen sie wieder auf. Da werden die Teller so vollgepackt, so viel kann ein Mensch allein gar nicht essen. Egal, ist im Preis mit drin. Erst mal alles drauf was geht. Dass nachher die Hälfte liegenbleibt, ist ja nicht mein Problem. Hauptsache ich habe genug vom Buffet abbekommen.

Oder nachher am Pool einfach mal eine Liege mehr reservieren. Obwohl man nur zu dritt ist. Lieber noch eine vierte Liege nehmen, damit mir keiner zu nahe kommt.

Apropos Liegen reservieren. Da haben Sie doch bestimmt schon das ganze Buch drauf gewartet, oder? Dass ich über die „Liegenreservierer" spreche. Aber das Thema ist langsam durch. Natürlich trifft man sie da auch wieder.

Diese Egoisten. Die gehen morgens um Sieben, noch vor dem Frühstück, zum Pool und belegen mit ihren Handtüchern alles was geht. Das viele von denen dann aber erst mittags oder sogar nachmittags an den Pool gehen, weil sie vorher noch eine Tour durch die Stadt gemacht haben, das ist denen völlig egal.

Ob andere Menschen es sich in der Zeit auch gern auf den Liegen gemütlich gemacht hätten, komplett egal. Wichtig ist nur, dass diese Menschen, wenn sie denn irgendwann mal eintreffen, dass sie eine Liege für sich haben. Obwohl mittlerweile in vielen Hotels schon extra Schilder stehen, auf den steht: Reservieren von Liegen verboten!

Aber das kümmert doch unsere „Freunde" die Egoisten nicht. Das sind übrigens dann auch oftmals die „Telefonierer", die wir ja eingangs schon angesprochen hatten.

Diese „Telefonierer" gibt es allerdings in der Familie ja auch. Die heißen da nur anders. Nennen wir sie einfach die „Glotzer". Haben Sie zufällig Kinder im handyfähigen Alter? Dann wissen Sie, was ich mit „Glotzer" meine. Das sind diese kleinen Egoisten. Diese pubertierenden jungen Menschen.

Egal wo die sich aufhalten, das Handy ist immer dabei. Ob morgens am Frühstückstisch oder abends zum Abendessen. Der Blick ist immer auf dieses verdammte Smartphone gerichtet. Was um diese Menschen herum passiert, wird wahrscheinlich nur in Trance wahrgenommen. *„Legt Euer Handy doch mal zur Seite, Ihr Egoisten."* Möchte man ihnen gern zurufen. Aber das geht nicht mehr, weil sie so schnell in ihrem Zimmer verschwunden sind, dass sie das eh nicht mitbekommen würden. An der Zimmertür steht dann der nächste Hinweis, dass hier ein Egoist wohnt: NICHT STÖREN! KEIN ZUTRITT!

Ist vielleicht auch besser so. Ja nicht in das Zimmer hineingehen, da sieht es wahrscheinlich aus wie auf einem Schlachtfeld. Zimmer aufräumen oder im Haushalt helfen, für viele ein Fremdwort. Aber Taschengelderhöhung wollen sie haben. Am liebsten jeden Monat. Egoisten!

Wobei sich an dieser Stelle schnell wieder die Frage stellt, wer denn der größere Egoist ist? Kinder oder Erwachsene?

Die Erwachsenen können das mit den Handys ja auch sehr gut. Man sitzt sich gegenüber und jeder schaut nur auf sein Handy. Bloß nicht mit dem anderen reden. Lieber mit sich selbst beschäftigen.

Oder die Frauen, die sagen, der größte Egoist von allen ist mein Mann. Der sitzt immer nur auf seinem Hintern. Den Müll bringt er nicht raus, geputzt wird von ihm auch nichts. Also außer sein Auto, das wäscht er öfter, als sich selbst. Sonst hat er nur Fußball und Bier im Kopf.

Und wenn ich dann mal mit einer neuen Frisur nach Hause komme, dann kriegt der das sowieso nicht mit. Ganz zu schweigen von unserem Hochzeitstag, den er jedes Jahr vergisst oder meinen Geburtstag, an den er zufällig denkt und zu dem ich dann wieder ein Küchengerät geschenkt bekomme. Egoist!

Es gibt die Egoisten aber auch in ganz anderen Situationen. Die Schummler und Pfuscher. Ich meine jetzt nicht die Schüler in der Schule. Nein.

Ich denke an die Menschen, die bei Spielen oder sportlichen Aktivitäten schummeln. Denn das ist doch auch nichts anderes, als purer Egoismus. Im großen Rahmen könnten wir hier über Dopingsünder sprechen. Die gibt es ja mittlerweile in fast jeder Sportart.

Ich würde aber gern etwas kleiner denken. Wir Hobbysportler oder wir Spiele Spieler.

Können Sie sich noch an Ihre letzte Partie „Mensch ärgere dich nicht" erinnern? Oder an das letzte Mal, dass Sie „Monopoly" gespielt haben?

Und? Alles fair über die Bühne gegangen? Oder mal beim Würfeln oder Zählen geschummelt? Na? Auch da mal ein kleiner Egoist gewesen?

Sie nicht? Sie würden so etwas nie tun?

Dachte ich von vielen erwachsenen Menschen auch, dass sie so etwas nicht machen. Schummeln.

Vor kurzem fand bei uns ein Golfturnier statt, zu dem ich auch eingeladen wurde. Wir befanden uns auf unserer Bahn, hatten aber auch den Blick frei auf die Nachbarbahn. Wir sahen zwei Spieler, die nach einem Ball suchten, der irgendwo im Gebüsch gelandet sein musste. Auf einmal ließ einer der beiden einen Ball aus seiner Hosentasche fallen und rief dem anderen Spieler zu: *„Hier ist er. Ich habe ihn gefunden."*

Wir trauten unseren Augen nicht. So was gibt es tatsächlich auch in diesem Kreise? Es war ein älterer Herr. Eigentlich denkt man ja, das ist ein Gentlemen Sport, dabei passiert so etwas nicht.

Aber wahrscheinlich es gerade unter den Golfern die größten Egoisten.

Ob wir das gemeldet haben? Nein. Wenn ich es bei mir im Flight gesehen hätte, dann wäre es etwas anderes gewesen. Aber so. Wir haben uns nachher nur die Ergebnislisten angeschaut. Dieser „ehrliche" Finder war eh unter ferner Liefen. Also hätte er sich das auch sparen können. Aber wie unfair und unsportlich ist dieses Verhalten? Und wie egoistisch?

Wenn ich so darüber nachdenke, habe ich von mehreren Spielern schon die abenteuerlichsten Geschichten von Schummlern und Betrügern gehört.

Da wird die Scorekarte falsch ausgefüllt, falsch gezählt, die Regeln missachtet, usw., usw. Ich frage mich immer, was bringt es diesen Leuten?

Vor allen Dingen, wenn sie ihr Handicap erschummeln, was haben die dann davon? Ansehen? Ruhm? Anerkennung? Na toll. Aber dass die das Handicap nie wieder spielen, weil sie es gar nicht können, da denken die nicht dran. Oder es ist denen einfach egal. Diese Typen von Egoisten wollen einfach nach außen gut dastehen. Egal um welchen Preis.

Und genau diese Menschen, die alles dafür machen, um nach außen eine gute Wirkung zu haben, sind manches Mal die ärmsten Schw... Denen fehlt es an Selbstbewusstsein, an innerer Stärke, zu den eigenen Schwächen zu stehen.

Nein, das geht nicht. Ja nicht zugeben, dass man irgendetwas nicht kann. Man muss immer der beste, der schönste oder der schnellste sein. Koste es was wolle.

Wie gesagt, auf Sie trifft das ja nicht zu. Sie sind nicht dieser Typ Mensch, dieser Egoist. Sie gehen nicht im Beruf über Leichen, nur um Ihren eigenen Vorteil auszuspielen. Sie hauen andere nicht in die Pfanne, damit Sie besser dastehen. Sie drängen sich nicht in den Vordergrund. Sie sind ein Teamplayer. Schön, dass es Sie gibt. Da brauchen Sie nicht zu schmunzeln. Ich meine das ganz ernst.

Stellen wir uns doch vor, es gäbe nur solche oder solche. Das wäre doch grausam. Wobei, so ein paar Egoisten weniger, wäre schon nicht schlecht, oder?

Also, nicht das Sie mich falsch verstehen. Die sollen nicht von der Bildfläche verschwinden. Aber wir hätten doch nichts dagegen, wenn sich diese Egoisten in andere, sympathische und herzliche Menschen verwandeln. Oder was sagen Sie?

Letztens hatte ich die Möglichkeit mit einer Mitarbeiterin aus einem bekannten schwedischen Einrichtungshaus zu sprechen. Sie wissen schon, welches ich meine, ohne dass ich hier den Namen nennen muss. Sie berichtete von ihrer Zeit in der Reklamationsabteilung.

Ja richtig. Es gibt speziell für Reklamationen und Umtausche eine eigene Abteilung. Sie war drei Monate in der Annahme beschäftigt. Und was sie über diese Zeit berichtet hat, wie die Kunden mit ihr gesprochen haben, was dort alles reklamiert wurde, das war der reinste Wahnsinn.

Da werden komplette Küchen umgetauscht. Total verdreckte Matratzen gehen zurück an die Firma, Lampen, die schon drei Jahre nicht mehr im Sortiment sind, werden wieder umgetauscht. Und sogar der dreckige Klodeckel wird reklamiert, weil irgendwas hakt.

Ich glaube, bei denen hakt auch irgendwas, oder? Das ist doch nicht normal.

Und das Schlimme daran ist, dass diese Egoisten, die wieder mal nur an sich selbst denken, oftmals damit auch durchkommen.

Also könnten wir auch sagen: Selber schuld liebe Firma mit den 4 Buchstaben. Oder vielleicht meinen die es auch einfach nur gut mit uns Kunden und wir, also nicht Sie und ich, aber die anderen, sie wissen schon wen ich meine, die nutzen das rigoros aus. Und wehe, da wird mal etwas nicht sofort umgetauscht, dann gibt es aber Ärger.

Was diese Mitarbeiterin sich schon alles gefallen lassen musste, was der armen Frau schon alles an den Kopf geworfen wurde, will ich an dieser Stelle lieber nicht wiederholen. Unfassbar.

Das sind schon nicht mehr die „normalen" Egoisten. Das sind schon „Hardcore" Egoisten. Schlimm. Einfach nur schlimm. Dagegen sind unsere ganzen Beispiele, die wir bis hierhin hatten, ja harmlos.

Aufgrund meiner Trainertätigkeit komme ich natürlich mit sehr vielen unterschiedlichen Menschen in Kontakt. Vor einiger Zeit unterhielt ich mich mit einer jungen Nachwuchsführungskraft. Sie berichtete mir von der schlechten Stimmung in ihrem Team. Was war passiert?

Es gab einen Mitarbeiter, der nur Dienst nach Vorschrift macht, der regelmäßig 3-4 Tage krank feiert, der andere Kollegen anschwärzt und selbst der Geschäftsleitung immer hinten rein kriecht. Die junge Führungskraft war mit diesem Menschen, mit diesem Egoisten völlig überfordert.

Sie hatte aus ihrer Sicht keine Möglichkeit, diesen Mitarbeiter zu motivieren, ihn besser ins Team zu integrieren oder ihn im Extremfall zu entlassen.

Was sollte sie tun? Sie wollte auf jeden Fall etwas unternehmen, denn so konnte es aus ihrer Sicht nicht weiter gehen.

Es wurden Teamgespräche geführt. Sie hat mit ihm Einzelgespräche abgehalten. Alles erfolglos.

Was würden Sie mit solch einem Mitarbeiter machen? Wobei Mitarbeiter kann man ihn ja eigentlich gar nicht nennen. Denn aus dem Wortlaut „Mitarbeiter" heraus, müsste er ja mit dem Team arbeiten. Macht er aber nicht. Man kann ihm aber auch nichts anhaben. Seine Arbeit macht er. Die Krankheitstage belegt er jedes Mal mit einem Attest vom Arzt.

Man ist manchmal völlig hilflos.

So erging es dieser jungen Frau auch. Was war das Ende vom Lied?

Wie ich ein halbes Jahr später erfuhr, wurde dieser Mitarbeiter in eine andere Abteilung versetzt. Na prima. Da freuen sich die neuen Kollegen bestimmt. Die alten tun dies auf jeden Fall. Aber kann es das sein? Einen Menschen einfach in eine andere Abteilung versetzen, in der Hoffnung, dass er sich dort anders verhält?

Es ist müßig an dieser Stelle darüber zu lange nachzudenken. Wir stecken nicht in dieser Person drin.

Wir kennen dessen Beweggründe nicht. Wir kennen von keiner dieser egoistischen Personen die Beweggründe. Vielleicht kennen sie selber diese noch nicht einmal.

Aber möglicherweise können wir mit diesem Buch dazu anregen, einmal über sich und sein Verhalten nachzudenken und eventuell im positiven Sinne etwas zu verändern.

Aus diesem Grund nochmal alle Werkzeuge dieses Buches auf einen Blick:

WERKZEUGE

Auf die richtige innere Einstellung kommt es an (Seite 17)

Interessiere dich ehrlich und aufrichtig für deinen Gegenüber (Seite 17)

Ebenbürtiges Verhalten (Seite 25)

Behandle deinen Gegenüber so wie du auch gern behandelt werden möchtest (Seite 25)

Über wen oder was ich mich ärgere bestimme ich immer noch selbst (Seite 36)

Wirken heißt: vom anderen reden (Seite 46)

Für den ersten Eindruck gibt es keine zweite Chance (Seite 55)

Ein Bild sagt mehr als 1000 Worte (Seite 63)

Fünf Sinne aktivieren (Seite 63)

Gezielt offene Fragen stellen / Aktiv zuhören (Seite 63)

Die Macht des Schweigens (Seite 63)

Dem Kunden / Gegenüber die Wahl lassen
(Seite 63)

Vorstellungen bestimmen unser Verhalten
(Seite 63)

Warum freue ich mich? (Seite 70)

Wie will ich andere motivieren, wenn ich selbst keinen Grund gefunden habe, mich zu freuen?
(Seite 75)

Wenn Ihnen dieses Buch gefallen hat, das heißt, Sie zum einen unterhalten und zum Nachdenken angeregt wurden, es Ihnen zum anderen auch einen persönlichen Nutzen gebracht hat, dann empfehlen Sie es doch gern weiter. Sprechen Sie mit anderen Menschen darüber. Über die Inhalte dieses Buches, aber auch über Ihre eigenen Erfahrungen.

Falls Sie gar nicht genug bekommen können von weiteren wertvollen „Ratgebern der besonderen Art", hier nochmal die entsprechenden Titel:

Der Autofahrer! Verhaltenstraining am lebenden Objekt!

Der Urlauber! Verhaltenstraining am lebenden Objekt!

Der Golfer! Verhaltenstraining am lebenden Objekt!

Viel Freude damit.